Saggio

EMILIO ESBARDO

Judith Hermann e Berlino: una scrittrice, la sua generazione, la sua città

Saggio

FSC
www.fsc.org
MIX
Papier aus verantwortungsvollen Quellen
Paper from responsible sources
FSC® C105338

Trelleborger Straße 17, 13189 Berlin
Stampa: BoD - Norderstedt (Germania)

www.emilioesbardo.com
www.ilnuovoberlinese.com
www.pensierieconfronti.com

ISBN: 978-3-948473-05-1

Prima edizione: 2010 (Lulu Editore, USA)
Seconda edizione: 2014 (Lulu Editore, USA)
Terza edizione: 2016 (CreateSpace Editore, USA)
Quarta edizione: 2019 (Pensieri&Confronti Editore, Germania)

Immagini di copertina: © Emilio Esbardo
Immagine di quarta di copertina: © Emilio Esbardo

Nota

I miei ringraziamenti vanno a Salvatore Cannizzaro, a sua moglie Anna Vergura e a Anna Serpa per la pazienza ed accuratezza con la quale hanno letto, e talvolta, apportato correzioni alla bozza di questo libro.

Dove non specificato, le foto e le traduzioni di brani dal tedesco all'italiano sono state realizzate dall'autore del libro.

Indice

L'età dell'indifferenza. Berlino e Judith Hermann

Ancora non si era intuito, che si apparteneva ad una generazione, per la quale purtroppo l'intera vita perfino di un lunedì, era come l'inerte immobilità di un freddo pomeriggio domenicale. Sì, non si era assolutamente intuito, che si apparteneva ad una generazione. Le preoccupazioni erano altre: mai, così si diceva, voglio avere una simile acne come i cantanti di Alphaville...[1]

La consapevolezza del nostro stile si rende percettibile particolarmente in quelle sfere, nelle quali c'è realmente del superfluo (...) Poi abbiamo imparato dagli italiani non semplicemente ad ordinare acqua con il vino, ma decisamente San Pellegrino. È così che la nostra generazione ancora non ha nessuna idea su Gerhard Schröder, bensì sull'acqua...[2]

In tal modo ben nutriti, per il resto pienamente disorientati la nostra intera generazione di nati tra il 1965 e il 1975 si avvicinò lentamente agli anni novanta. Ma in qualche modo senza dispiacercene. Eravamo sì disorientati, ma nondimeno estremamente sicuri, che tutto alla fine, anche le grandi domande dell'umanità, sarebbero state risolte. "Da dove vengo? E perché la mia Golf conosce la risposta?"...[3]

E' interessante notare come tra i giovani un particolare itinerario diventi una moda generazionale, che nasce attraverso la lettura di libri, la visione di determinati film, ma anche grazie a musica, foto, pittura e architettura: è ben noto il ruolo dei pittori per la costa della Normandia, degli autori spagnoli esiliati a Londra, sostituiti in seguito dai viaggiatori. Non si può trascurare il ruolo di persuasore che qualche film importante ha potuto avere: sarebbe il caso delle pellicole di Woody Allen per New York, la Roma della dolce vita di Fellini, la Parigi di Louis Malle, la Londra di *Notting Hill* e *About a boy*. La Vienna di fine secolo, la Praga di Kafka, la Parigi degli esistenzialisti e della "generazione perduta", la Berlino degli espressionisti, la Londra degli anni sessanta, la New York della beat generation, di Jack Kerouac, Allen Ginsberg e del jazz di Charlie Parker, la Cuba del Buena Vista Social Club, sono alcuni dei pochi esempi che mi piace riportare. A Roma, a Madrid, a New

1 Florian Illies, *Generation Golf, eine Inspektion*, Fischer, Frankfurt am Main, 2003; pag. 16

2 Ibidem; pag. 152-53

3 Ibidem; pag. 18/19

York, ad Amburgo, in ogni città c'è sempre qualcosa che ci attrae, che ci stimola al viaggio, il fenomeno musicale di Umbria Jazz della Perugia contemporanea, ad esempio, e in questo libro la Berlino del dopo Muro, in altre parole la Berlino del nuovo millennio. Attraverso la storia, la letteratura, la cinematografia, l'architettura, la pittura, il teatro, la musica, possiamo conoscere le caratteristiche, i contenuti, i tratti salienti di una società:

> ... *I poemi omerici, la cui cultura visiva, linguistica, e soprattutto sintattica, appare tanto più elaborata, sono invece relativamente semplici nella raffigurazione dell'uomo, e in genere anche nel loro rapporto con la realtà della vita che descrivono (...) Fra battaglie e passioni, avventure e pericoli, ci mostrano cacce e banchetti, palazzi e abituri di pastori, gare e giorni di bucato, sicché osserviamo gli eroi nella loro vita d'ogni giorno, e osservandoli possiamo rallegrarci nel constatare come godano questa loro vita in atto, saporosa e colorita, leggiadramente inserita nei loro costumi, nel paesaggio, nelle cure quotidiane. E così essi ci incantano e ci attraggono e noi viviamo nella realtà della vita loro...*[4]

E siccome Judith Hermann non colloca "la letteratura in quella terra di nessuno che è l'isolamento estetizzante"[5] e "utilizza un linguaggio che, scarno come la realtà quotidiana, si attaglia alla misura del nudo comunicato"[6], possiamo immaginarci di sentire l'odore di Berlino e osservare la gente; vagare per il quartiere industriale sulla sponda della Sprea; salire le scale al secondo piano, la ringhiera divelta e gli scalini scricchiolanti di un palazzo grigio, tra un'autodemolizione e una fabbrica; osservare i ragazzi turchi che giocano a pallone mentre le donne spellano i polli; andare fuori città, nelle casette misere e storte, che recano sulle staccionate di legno marcio la scritta "Berlinesi fuori!"; varcare la porta di un atelier con una devozione quasi sacrale; lavorare come elettricista ai concerti; ascoltare le letture di giovani scrittori; attraversare Berlino in lungo e largo in taxi e avere una musica diversa, Ween per le strade statali, Dawid Bowie per il centro storico, Bach per i vialoni, Trans-Am soltanto per l'autostrada e quando si ha voglia, lasciare tutto e trascorrere il capodanno a Praga. Insomma una scrittrice che con le sue frasi brevi, semplici e "concrete" ha dato voce alla sua generazione, apolitica, indifferente alla realtà che la circonda come una ragazza che siede così, leggendo il giornale in attesa di

4 Erich Auerbach, *Mimesis*, Piccola Biblioteca Einaudi, Torino, 2000, pag. 15, Volume primo.

5 Frase di Žmegač in: Žmegač Škreb Sekulić, *Breve storia della letteratura tedesca*, Biblioteca Studio Einaudi, Torino, 1995, pag. 402

6 Ibidem, pag. 402

lasciarsi trascinare da avvenimenti casuali, come la telefonata di un vecchio amante, che la porta con sé a Canitz per mostrarle una possibilità, "una delle tante. La puoi realizzare oppure lasciar perdere. Io posso realizzarla oppure troncare e andare da qualche altra parte. Possiamo realizzarla insieme oppure far finta che non ci siamo mai conosciuti. Non ha importanza. Volevo soltanto fartela vedere, tutto qua"[7]. Oppure come un aspirante artista: "faceva molto caldo, e io passai ore e ore in camera disteso nudo sul pavimento a fissare il soffitto. Non ero inquieto, né irritato, ero stanco e mi trovavo in un bizzarro stato di apatia"[8]:

> *Con la guerra in Bosnia, fu definitivamente chiaro che il mondo era troppo complicato perché si potesse intraprendere qualcosa a favore o contro…*[9] (...) *La "Generazione Golf" ha da subito imparato che ciò è troppo faticoso. Dice: io voglio rimanere come sono…*[10]

7 Judith Hermann, *Sommerhaus, später*, Fischer Verlag, Frankfurt am Main, 2000, pag, 152 (traduzione di Barbara Griffini)

8 Ibidem, pag. 63

9 Florian Illies, *Generation Golf, eine Inspektion*, Fischer, Frankfurt am Main, 2003; pag. 164-65

10 Ibidem, pag. 188

Breve storia di Berlino a partire dal 1933

Gli anni dell'immediato dopoguerra sono gli anni della ricostruzione, del ritorno alla normalità, della speranza di un futuro certo; ma c'è un prezzo da pagare. Berlino diviene il capro espiatorio di due ideologie contrapposte: il luogo di scontro tra il comunismo ed il capitalismo, rappresentativo della divisione del mondo in due blocchi. Berlino è il centro e il cuore della Guerra Fredda, la linea di confine che divide i paesi capitalistici dai comunistici: ogni contrasto tra le due superpotenze, ogni crisi, vengono sentiti immediatamente, toccati con mano dai cittadini berlinesi. Dunque è necessario riportare qui una breve storia di Berlino, a partire dalla presa del potere dei nazisti, per comprendere il suo aspetto odierno così variegato e dalle molteplici sfaccettature: Berlino è la città dove l'architettura, il teatro, la musica, la letteratura e la mentalità mostrano il conflitto di ideologia. Ad esempio la Stalinallee è stata progettata per soddisfare la funzionalità socialista, un'ampia strada capace di contenere grandi masse per grandi dimostrazioni:

> *La strada del futuro – questo era il cammino della giovane generazione in una nuova era, ma contemporaneamente era già anche il futuro stesso: nuove costruzioni, belle, moderne e ben illuminate. Nelle città del futuro ci dovranno essere ampie strade, dove ci sia spazio per masse di dimostranti, che lascino lo sguardo libero al cielo e dove un venticello estivo possa soffiare ed agitare le bandiere. Però la strada del futuro deve essere diritta, senza curve volta verso il sole che sorge…*[11]

La letteratura del periodo, assieme a teatro, musica e pittura, riflette altrettanto le due differenti visioni di vita ed è uno strumento concreto, con il compito di far crescere ed educare la gente alla ideologia comunista o capitalista: due delle figure di maggior spicco sono Ždanov e McCarthy.

Ždanov è il promotore di una politica severa e opprimente nei confronti di qualsiasi espressione differente dal realismo politico e culturale sovietico. McCarthy è l'iniziatore di una politica anticomunista portata agli estremi. È rimasta famosa la sua caccia alle streghe, soprattutto contro gli attori di Hollywood (tra cui Humphrey Bogart) accusati di cooperazione con il regime sovietico.

La breve testimonianza di uno scrittore della Repubblica Democratica Tedesca,

11 *Hans-Hermann Hertle*; Stefan Wolle, *Damals in der DDR – Der Alltag im Arbeiter und Bauernstaat*, Goldmann, München, 2006, pag.51

che riporto qui sotto, assieme ad una affermazione di Ždanov, ci può far comprendere meglio la funzionalità e l'asservimento della letteratura ai due sistemi politici:

> *Perciò bisognerà unire la rappresentazione artistica, storica e concreta, con il compito di trasformare ed educare i lavoratori allo spirito socialista.*[12] *(...) A quel tempo, lo dico amaramente siamo ritornati ai disegni rupestri. – Abbiamo bisogno di patate, dunque cantata di patate! – Abbiamo bisogno di un aumento della produzione, dunque – compositori e poeti, scrivete poesie, canzoni, cantate, per far crescere la nostra produzione!...*[13]

Ma la Berlino odierna è anche la Berlino degli spazi lasciati vuoti dove una volta c'era il Muro; i nuovi quartieri nati dal nulla ed in brevissimo tempo dopo la sua riunificazione; le piccolissime tracce che ci ricordano i nazisti o quelle riemerse dalle macerie, scampate alla quasi totale distruzione della città durante la seconda guerra mondiale (come i buchi dei proiettili alle pareti di alcuni edifici); l'aspetto orientale di Kreuzberg e l'influenza dei turchi nella cultura berlinese che ebbe origine dopo e a causa della costruzione del Muro; i quartieri multietnici nati con l'affluenza di giovani scrittori, case di moda, case editrici musicali e cinematografiche, atelier, provenienti da tutte le parti del mondo ed attratti da un ambiente dinamico, giovane e ottimista generato dalla caduta del Muro. Si può dunque definire Berlino come una città da un aspetto casuale, dalle differenti sfaccettature imposte dalla storia e dal tempo. È solo attraverso la conoscenza del passato che si può comprendere il presente e questa breve storia si pone il compito di citare i più salienti avvenimenti storici che hanno portato la città ad avere il suo aspetto odierno.

12 Andrej Ždanov in: Fritz J. Raddatz (Hrsg.): *Marxismus und Literatur. Eine Dokumentation in drei Bänden*, Bd. 1. Rowohlt, Reinbeck, 1969, pag. 351

13 Hans BUNGE: *Fragen Sie mehr über Brecht. Hanns EISLER im Gespräch*, Rogner und Bernhard, München 1970, pag. 316f. Citato nel capitolo, *Schreiben unter Zensur. Die Literatur der DDR*, a cura di Wolfgang Emmerich, in: *Literarische Moderne – Europäische Literatur im 19. und 20. Jahrhundert; Studienbrief 8*, DIFF, Tübingen, 1994, pag. 24/7

CRONOLOGIA

30 gennaio 1933
Il presidente Hindenburg nomina Hitler cancelliere. Fiaccolata delle SA attraverso la Porta di Brandeburgo.

Hitler e Mussolini in parata nelle strade di Berlino, il 29 settembre 1937, a bordo di una Mercedes-Benz 770 Tourer (1ªserie - W07) del 1937 - Fotografo: Sconosciuto - Bundesarchiv, Bild 183-C13771 / CC-BY-SA 3.0

1936
Giochi olimpici a Berlino.

1937
Albert Speer è il responsabile per la ricostruzione di Berlino come degna capitale del futuro impero tedesco "Germania". Si progettano delle opere architettoniche monumentali.

La città, fedele alla sua tradizione, diviene nuovamente un cantiere aperto: " (...) questa città non si costruisce masso dopo masso per l'eternità, bensì la storia dei suoi edifici è anche la storia della loro distruzione. La storia delle costruzioni berlinesi come storia di rinnovamento non è comprensibile senza la storia di demolizione. Già prima della seconda guerra mondiale (...) che terminò con la capitolazione sotto gli attacchi di bombe e granate degli alleati, era Berlino come città (...) già stata distrutta un migliaio di volte, per nuove costruzioni più grosse, più belle più moderne"[1]. Sin dall'inizio Albert Speer ha in progetto di far demolire 52.000 abitazioni per fare spazio al nuovo.

9/10 novembre 1938

La cosiddetta "Notte dei cristalli", durante la quale si distruggono e vengono incendiate le sinagoghe e le attività commerciali degli ebrei.

9 gennaio 1939

Fine della costruzione del "Neue Reichskanzlei" ("Nuova cancelleria del Reich"). I lavori vengono eseguiti nel tempo record di nove mesi. L'edificio deve rappresentare la grandezza e la potenza del popolo tedesco.

Joseph Goebbels urla nello "Sportpalast": Volete la guerra totale, 18.2.1943, Fotografo: Schwahn - Bundesarchiv, Bild 183-J05235 / Schwahn / CC-BY-SA 3.0

1940
Primo attacco aereo su Berlino.

18 febbraio 1943
Il ministro della propaganda Joseph Goebbels chiede durante un celebre discorso alla popolazione: "Wollt ihr den totalen Krieg?" ("Volete la guerra totale?"). Gli uomini tra i 16 e i 65 anni e le donne tra i 17 e i 45 anni debbono arruolarsi per la "difesa del Reich".

20 luglio 1944
Attentato, fallito, ad Hitler, organizzato da Von Stauffenberg.

25 aprile 1945
Le truppe sovietiche circondano Berlino. I nazisti vogliono una guerra all'ultimo sangue e giustiziano tutti coloro i quali intendono arrendersi. Le truppe dell'Armata Rossa, a loro volta, saccheggiano, violentano e uccidono i civili.

Berlino: Distruzione dopo un bombardamento, febbraio 1945, Fotografo: sconosciuto - Bundesarchiv, Bild 183-J31345 / CC-BY-SA

30 aprile 1945
Hitler e Goebbels si suicidano. L'Armata Rossa issa la bandiera sovietica sull'edificio del Reichstag. Questo momento è immortalato dalla foto di Jewgeni Chaldej.

2 maggio 1945
Il generale tedesco Helmuth Weidling firma la resa di Berlino.

Maggio 1945
Berlino, oramai un cumulo di macerie, diviene il simbolo dell'orrore nazista. Dei 4,3 milioni di abitanti ne rimangono in vita all'incirca soltanto 2,6 milioni. Si ritorna però velocemente alla vita: riprendono le trasmissioni radio, si stampano di nuovo i giornali. Si possono acquistare molti beni primari al mercato nero.

5 giugno 1945
Berlino è sotto il controllo delle truppe alleate, che la dividono dapprima in tre, e in seguito, in quattro settori: sovietico, statunitense, britannico e francese.

1946
Inizia la ricostruzione della città. Berlino viene ripulita delle sue macerie ad opera delle cosiddette "Trümmerfrauen" ("Donne delle macerie"). Esse sono obbligate a svolgere questa mansione per una legge stabilita dall'*Alliierter Kontrollrat* ("Consiglio di Controllo degli Alleati"). Berlino è un gigantesco cantiere. Viene riaperta la Berliner Universität e fondate altre due università: la Technische Universität e la Freie Universität. I teatri tornano ad attrarre pubblico e critica internazionale. Il pezzo "Mutter Courage" ("Madre Coraggio") di Bertolt Brecht ha un successo mondiale.

7 marzo 1946
Nasce la "Freie Deutsche Jugend" ("Libera gioventù tedesca"), in breve FDJ, concepita come "un'organizzazione giovanile democratica antifascista". Presidente è l'allora giovane Erich Honecker.

21 – 22 aprile 1946
Nel "Berliner Admiralpalast" nasce il partito della SED, ("Sozialistische Einheitspartei Deutschlands", "Partito socialista unito tedesco") dall'unione di KPD e SPD. Presidenti: Wilhelm Pieck (KPD) e Otto Grotewohl (SPD). La SED è l'unico partito ammesso nel settore sovietico e nella futura Repubblica Democratica Tedesca.

23 aprile 1946
Prima tiratura del giornale Neues Deutschland come portavoce della SED.

5 settembre 1946
Prima trasmissione della "Rundfunk im amerikanischen Sektor" ("Radio nel settore americano"), conosciuta come RIAS.

15 ottobre 1946
Prima del film "Die Mörder sind unter uns" ("Gli assassini sono tra di noi"); il primo film del dopoguerra in Germania e la prima produzione della DEFA ("Deutsche Film-AG") in Potsdam-Babelsberg nella Germania est. La pellicola è ambientata tra le macerie di Berlino che diventano per molti anni lo sfondo di numerose produzioni cinematografiche, un'icona del dopoguerra.

28 novembre 1946
Nel settore sovietico di Berlino viene fondata la "Volkspolizei" ("Polizia del popolo"), conosciuta come VOPO.

Inverno 1947
Prima dello spettacolo teatrale di Konstantin Simonow "Die russische Frage" ("La questione russa") che solleva molte proteste perché concepita in chiave antiamericana. Dall'ottobre 1946 fino alla data odierna sono stati già inscenati 54 rappresentazioni di registi stranieri, tra i quali Jean Giraudoux, Thornton Wilder, Jean Anouilh, e allestite opere di classici e moderni russi.

24 giugno 1947
Ernst Reuter viene eletto sindaco di Berlino; non viene però riconosciuto dalle autorità sovietiche. Reuter reagisce facendo stampare biglietti da visita con la scritta: "Der gewählte, aber nicht bestätigte Oberbürgermeister von Berlin" ("Il sindaco di Berlino eletto, ma non confermato").

Marzo 1948
L'Unione Sovietica lascia l'Allierter Kontrollrat ("Consiglio di Controllo degli Alleati"). Berlino diviene il centro di scontro di due ideologie contrapposte che divideranno per parecchi anni il mondo in due blocchi: quello capitalistico e quello comunistico.

Aprile 1948
I russi bloccano più volte la circolazione da e per Berlino.

Maggio 1948
Il partito SED organizza una manifestazione nel settore est della città per una "Berlino unita e democratica".

23 giugno 1948
L'amministrazione militare sovietica ordina che il marco utilizzato nella propria zona d'occupazione venga esteso a tutte le altre zone della Germania, cosa che naturalmente viene rifiutata dalle altre potenze vincitrici. I sovietici reagiscono con il cosiddetto "Berliner Blockade" ("Blocco di Berlino"). Tutte le vie di comunicazione, via terra e via mare che consentono l'accesso nella città agli alleati occidentali, vengono sbarrate. Tuttavia "tre corridoi aerei" rimangono aperti e gli americani riescono a fornire gli approvvigionamenti agli abitanti di Berlino ovest proprio attraverso il "Luftbrücke" ("Ponte Aereo"). Gli aerei utilizzati per tale scopo vengono denominati "Rosinenbomber" ("Bombe di uva passa"), mentre i pacchi "Care-Pakete" ("Pacchetti fragili").

9 settembre 1948
Il sindaco Ernst Reuter tiene un discorso divenuto celebre: "Popoli di tutto il mondo ... guardate questa città e i suoi cittadini e riconoscete che non potete e dovete abbandonarli".

1949
Viene proiettato nelle sale il film russo "Padeniye Berlina" ("La caduta di Berlino") di Mikheil Chiaureli.

12 maggio 1949
Fine del "Blocco di Berlino". I primi "Interzonenbusse" (Autobus autorizzati a poter attraversare tutti i settori") circolano con la scritta: "Hurra, wir leben noch" ("Evviva, siamo ancora vivi"). La città rimane comunque divisa nell'amministrazione, nelle finanze e nel trasporto.

23 maggio 1949
Bonn diviene la capitale della neonata Repubblica Federale Tedesca (RFT).

7 ottobre 1949
Berlino est diviene la capitale dell'appena proclamata Repubblica Democratica Tedesca (DDR).

11 ottobre 1949
Sfilata per la fondazione della DDR. Le persone, fiaccole in mano, si trascinano lungo la Unten der Linden fino alla tribuna d'onore delle massime cariche istituzionali. La stessa via è stata percorsa il 30 gennaio 1933 da una folla festante in onore di Hitler appena divenuto cancelliere. La tribuna d'onore è posizionata a August-Bebel-Platz, dove i nazisti hanno bruciato i libri il 30 maggio 1933.

1 dicembre 1949

Il sindaco Ernst Reuter inaugura la centrale elettrica a Ruhleben, che rende Berlino ovest indipendente dalla distribuzione di corrente fino ad allora rifornita dai russi.

21 dicembre 1949

In occasione del settantesimo compleanno di Stalin, la "Große Frankfurter Straße" e la "Frankfurter Allee" diventano una sola via che prende il nome di Stalinallee.

Anni '50

Enormi differenze economiche tra le due parti della città: Berlino ovest raggiunge il miracolo economico del resto della Repubblica Federale, cosicché i suoi abitanti hanno un'abbondanza di beni presenti nelle vetrine dei loro negozi. Tale abbondanza stride contro le lunghe file davanti ai negozi degli abitanti della zona est, per l'insufficienza persino di beni primari. Sono lunghe ore di attesa per ricevere il pane. Una città che anche nel suo aspetto esteriore comunica due differenti ideologie.

Fondazione della DDR, 7 Ottobre 1949 – Fotografo: Sconosciuto / Bundesarchiv, Bild 183-G1122-0600-130 / CC-BY-SA 3.0

Gennaio - dicembre 1950

Nasce il Ministerium für Staatssicherheit ("Ministero della Difesa dello Stato") conosciuto come Stasi, la cui centrale è situata nel quartiere berlinese Berlin Lichtenberg. Gli appartenenti si ispirano alla polizia segreta russa "Tscheka" e addirittura coniano per loro stessi il nomignolo di "Tschekisti". La figura principale ed incontrastata del Ministero è Erich Mielke, che è anche il presidente della squadra di calcio Berlino SV Dynamo. La Stasi oltre ad essere addetta alla sicurezza dello stato è altresì responsabile dello spionaggio nazionale ed estero, della protezione di oggetti e persone, e del controllo dei confini. Lo scopo principale di Mielke è di prevenire qualsiasi forma di pensiero critico o azione che possa andare contro la dittatura socialista della SED. Per questo motivo dà vita ad una perfetta e collaudata macchina burocratica col fine di controllare l'intera popolazione della Repubblica Democratica:

1. Di tutti i cittadini sospetti fa mettere da parte Geruchskonserve ("Conserve di odore"), affinché possano essere inseguiti da cani addestrati in caso di necessità.
2. Utilizza apparecchi speciali per fare aprire giornalmente 90.000 lettere ricevute o spedite a persone sospette, farle copiare e poi richiudere, senza che gli interessati possano accorgersene.
3. Fa inserire telecamere nascoste con microfoni negli appartamenti privati e mettere sottocontrollo i telefoni

Mielke deve conoscere tutto di tutti. I collaboratori ufficiali della Stasi nel territorio della DDR sono 90.000 e gli in ufficiali 180.000. Per ogni 100 cittadini ci sono due impiegati della Stasi a vegliare. In rapporto al numero della popolazione è il più grande servizio segreto della storia: persino nella Germania occidentale ci sono 2.000 persone agli ordini di Mielke. Dichiarazione di Mielke nell'agosto del 1992: "Hätte die Partei mir den Auftrag gegeben, dann gäbe es die DDR vielleicht noch heute" ("Se il partito avesse dato a me il massimo incarico della Repubblica, probabilmente ci sarebbe ancora oggi una Repubblica Democratica Tedesca").

24 ottobre 1950

Gli americani installano la "Freizeitglocke" ("La campana della libertà") sulla torre del Rathaus Schöneberg. Ernst Reuter in breve: "La nostra campana verrà udita non solo a Berlino e attraverso l'oceano giungerà al popolo americano, ma anche nell'est".

6 novembre 1950

A Berlino est vengono fatti saltare in area i resti dello "Stadtschloss" ("Castello cittadino"), nonostante possa essere restaurato. Questa azione segue la linea politica della Repubblica Democratica Tedesca che vuole tagliare ogni legame, sia con il passato prussiano che con quello nazista.

10 luglio 1951
Viene eretto il "Luftbrückendenkmal" ("Monumento alla memoria del ponte aereo") a forma di tre speroni curvati, che simbolizzano i tre corridoi aerei.

22 dicembre 1951
Il ministro per le strutture costituisce il "Comitato per la costruzione nazionale" per la ricostruzione di Berlino est. Attraverso una serrata propaganda si istituiscono "donazioni per la costruzione", "risparmi per la costruzione", "lotterie per la costruzione", "concorsi per la costruzione". Rimane famosa la frase: "Bau auf, bau auf…" ("costruisci, costruisci…").

1952
Tutte le frontiere verso la Repubblica Federale, eccetto quelle berlinesi per il "Viermächtestatus" ("Statuto delle Quattro Potenze"), vengono chiuse a causa della continua emigrazione degli abitanti dell'est verso ovest. Berlino rimane, dunque, l'unica porta aperta verso la "libertà". A Berlino ovest si costruiscono centri di raccolta per fuggitivi della Repubblica Democratica.

3 febbraio 1952
Grazie a progetti di differenti architetti si ridisegna la Alexanderplatz pensata come "una vetrina dell'est".
Marzo 1952
L'Unione Sovietica propone agli alleati occidentali la riunificazione della Germania, ma non viene accettata perché considerata una trappola dei comunisti. I toni della Guerra Fredda si inaspriscono. L'undici giugno il partito SED organizza una manifestazione a Marx-Engels-Platz. Il Messaggio è chiaro: Ulbricht dichiara di voler formare una Germania socialista e se in futuro ci sarà una riunificazione, questa sarà solo sotto la guida e l'ideologia della SED.
27 maggio 1952
Per un ordine dei vertici della SED vengono tagliate le intere linee telefoniche tra Berlino ovest ed est.

Dal 1 giugno 1952
Gli abitanti di Berlino ovest hanno bisogno di un permesso per viaggiare nella DDR.

Luglio 1952
Gli abitanti di Berlino ovest vengono espropriati delle loro case e proprietà, che si trovano nel territorio della DDR.

5 marzo 1953
Muore Stalin. Il culto della sua persona raggiunge il suo apice.

12 - 17 giugno 1953

I lavoratori di Berlino est protestano contro l'aumento delle trattenute e per la mancanza di sicurezza nei posti di lavoro. Il culmine dello sciopero è il 17 giugno. Gli avvenimenti di questo giorno avranno conseguenze per tutta la durata della Repubblica Democratica e avranno un peso fondamentale nella decisione di erigere il Muro. La parola sciopero inizia a circolare per la prima volta nel cantiere dell'ospedale Friedrichshein sabato 12 giugno. Gli animi si riscaldano il lunedì. Il 16 giugno inizia a formarsi una folla di circa 2000 dimostranti lungo la Stalinallee che prosegue per Alexanderplatz, Unter den Linden, lo Staatsoper fino alla sede dei ministri; nel frattempo il numero dei dimostranti è aumentato a 10000 e le richieste sono mutate. Ora si pretende la caduta del governo ed elezioni libere. La folla si dà appuntamento il giorno seguente presso la Strausberger Platz. La cronaca degli avvenimenti è raccontata dalla RIAS che a Berlino ha un ruolo centrale durante gli anni della guerra fredda. È celebre la frase con cui iniziano le trasmissioni: "Hier ist RIAS Berlin. Eine freie Stimme der freien Welt" ("Qui radio RIAS Berlino. Una voce libera del mondo libero"). Il 17 giugno un'immensa massa, sempre più crescente, si dirige da Strausberger Platz in centro città. Vi sono numerosi incidenti: "… Si giunge alle violenze. Una baracca della dogana viene data alle fiamme. Più tardi anche la Columbus-Haus e la Haus Vaterland a Potsdamer Platz.". Poi i dimostranti commettono un grandissimo errore. Tolgono la bandiera sovietica issata sulla Porta di Brandeburgo e la bruciano. I russi, che fino a quel momento erano indecisi se giungere in aiuto del governo della Repubblica Democratica, inviano i loro carri armati per disperdere la folla inferocita. Verso mezzogiorno è l'inizio di una tragica fine: "Verso mezzogiorno i distaccamenti avanzati dell'Armata Rossa raggiungono il centro città. I carri armati sovietici spianano col rullo lungo i tigli. Un dimostrante finisce sotto il cigolo di un carro armato e rimane schiacciato. La prima vittima di questa giornata, a cui ne seguiranno oltre 100"3. II punti di accesso a Berlino ovest vengono bloccati ed inizia la caccia ai responsabili dei disordini. La colpa di aver fomentato la rivolta è assegnata ad infiltrati tra gli operai dell'occidente imperialista e fascista ed alla propaganda della RIAS. Senza l'aiuto dei russi il governo della DDR sarebbe crollato. In futuro i dirigenti della SED, temendo nuove insurrezioni, adottano sempre norme più severe, ingiuste e disumane contro il proprio popolo. A Berlino ovest vi è una strada intitolata "17 giugno" per ricordare le vittime innocenti di questo giorno grigio e triste. Anche i nomi delle strade testimoniano il periodo della guerra fredda a Berlino e contribuiscono alla formazione del suo volto attuale.

23 giugno 1953

A Berlino ovest si organizza una manifestazione per le vittime del 17 giugno.

2 ottobre 1953

Riapertura del Cabaret "Die Distel", voce critica all'interno della dittatura della DDR. Attacchi contro burocrazia, retorica ideologica e mancanza di beni primari.

Febbraio 1956
Chruschtschow denuncia in un discorso segreto i crimini commessi da Stalin, la cui figura si trasforma velocemente da uno dei più grandi eroi del novecento ad uno dei più folli criminali, alla stregua di Hitler.

22 aprile 1956
Scoperto un tunnel di 300 metri, tra Berlino est ed ovest, all'interno del quale vengono trovati moderni apparecchi elettronici: è stato costruito dagli americani per spionaggio.

14 agosto 1956
Muore Bertolt Brecht cofondatore del teatro "Berliner Ensembles".

Conferenza stampa di Berlino, dove Walter Ulbricht racconta una delle più grandi bugie della storia, 15. Juni 1961 a Berlino, Fotografo: sconosciuto / Bundesarchiv, Bild 183-83911-0002 / CC-BY-SA 3.0

1958
Il numero dei fuggitivi aumenta sempre di più. La Repubblica Democratica perde ogni

giorno i migliori professionisti. I sovietici disconoscono lo "Statuto delle Quattro potenze" e intimano agli alleati di abbandonare Berlino.

1961
Inizio della destalinizzazione. In Russia il cadavere del feroce dittatore viene fatto allontanare da quello di Lenin, dove è stato posto dopo la sua morte. Stalingrado cambia nome in Volgograd. Questo ha delle conseguenze anche a Berlino. La statua di Stalin viene tolta dalla città e la strada Stalinallee cambia nome: la si divide in due parti, una si chiama Frankfurter Allee e l'altra Karl-Marx-Allee.

15 giugno 1961
Ulbricht dichiara: "Niemand hat die Absicht eine Mauer zu errichten" ("Nessuno ha intenzione di costruire un Muro").

Fino al 13.08.1961
Fino al 13 agosto circa 2,7 milioni di persone hanno abbandonato, attraverso i confini aperti di Berlino, la loro Repubblica, composta da circa 7 milioni di abitanti.

13 agosto 1961
(In precedenza Nikita Krusciov, segretario del Pcus aveva dichiarato: "Berlino è come i testicoli dell'occidente. Quando voglio far strillare l'ovest, schiaccio Berlino"). La città è paralizzata dai lavori al confine: le guardie di frontiera dell'est bloccano i passaggi, il Muro sorge a dividere le due parti di Berlino. Qualche tedesco orientale riesce a passare il confine all'ultimo momento, approfittando della grande confusione; molti invece non riescono a credere a quello che succede e perdono l'ultima opportunità. Tali fughe sembrano essere uscite dalle pagine di un romanzo. La gente è incredula. Lancio di oggetti come pietre e bottiglie in segno di protesta. Parenti e amici vengono separati definitivamente. Berlino è di nuovo un cantiere. A causa della costruzione del Muro, la Germania occidentale, in pieno boom economico, non può più reclutare forza lavoro dalla DDR. Da questo ne consegue un flusso emigratorio dapprima dalla Grecia, Italia, Spagna e Jugoslavia, e poi dalla Turchia. Probabilmente senza il Muro non si avrebbe avuto un fenomeno turco a Berlino e il quartiere Kreuzberg oggi sarebbe totalmente differente da come lo conosciamo.

1969 - 1989
Persone uccise nel tentativo di attraversare il Muro:
Lungo il Muro di Berlino: ca. 230
Lungo il confine tra le due Germanie: ca. 650
Il reato di "Fuga dalla Repubblica" prevede tre anni di carcere. Più di 30.000 prigionieri politici sono stati venduti alla Repubblica Federale.

Veduta panoramica del Muro Presso la Porta di Brandeburgo, estate / autunno 1961 Fotografo: o. Ang. - Bundesarchiv, Bild 145-P061246 / o.Ang. / CC-BY-SA 3.0

25 ottobre 1961
Al posto di confine "Checkpoint Charlie" si posizionano carri armati americani puntati verso il settore est. I russi rispondono posizionando i loro.

12 dicembre 1961
Friedrich Ebert, sindaco di Berlino est, pone la prima pietra del futuro edificio "Haus des Lehrers" ad Alexanderplatz. Inizia la ricostruzione di un'area centrale fortemente danneggiata dai bombardamenti.

17 dicembre 1961
Inaugurazione della ristrutturata Gedächtniskirche.

17 agosto 1962
Peter Fechter viene colpito da un proiettile sparato da un soldato di confine di Berlino est durante un tentativo di fuga (reato di "fuga dalla repubblica"). Né le guardie dell'ovest

né le guardie dell'est, per una paura reciproca di scontri a fuoco, osano accorrere in suo aiuto. Peter Fechter viene lasciato morire dissanguato in quella striscia definita come terra di nessuno.

20 febbraio 1963
A Berlino ovest vi è la prima del pezzo teatrale "Der Stellvertreter" ("Il sostituto") di Rolf Hochhuth: sul silenzio della chiesa cattolica durante il pontificato di Pio XII riguardo all'eliminazione di massa degli ebrei da parte dei nazisti.

26 giugno 1963
Discorso di Kennedy davanti al Schöneberger Rathaus.

5 ottobre 1964
Più di 50 berlinesi dell'est fuggono nella parte ovest della città attraverso un tunnel lungo 200 metri.

15 gennaio 1966
A Berlino ovest vi è la prima del pezzo teatrale "Plebejer proben den Aufstand" ("I plebei tentano l'insurrezione") di Günter Grass che critica le posizioni degli intellettuali della DDR - soprattutto Bertolt Brecht – a favore dell'intervento sovietico, durante l'insurrezione del 17 giugno 1953.

11 aprile 1968
Un giovane estremista di destra prepara un attentato a Rudi Dutschke che rimane ferito gravemente. Muore nel 1979.

2 - 3 ottobre 1969
Ad Alexanderplatz Vengono terminate le costruzioni della "Fernsehturm" ("Torre della Televisione") e dell'"Urania-Weltzeituhr" ("Orologio del Tempo nel mondo"), una struttura che ruota continuamente mostrando l'ora nelle varie zone della Terra.

1971
La Repubblica Democratica e quella Federale stipulano l'accordo "Transitabkommen" ("Trattato di transito") grazie al quale le visite tra i due Stati sono rese più facili.

3 maggio 1971
Erich Honecker diventa presidente della DDR al posto di Ulbricht.

11 maggio 1975
I soldati di confine della DDR impediscono azioni di salvataggio ai vigili di Berlino ovest:

una bambina di 5 anni annega nelle acque del fiume Sprea.

Tunnel presso la S-Bahnhof Wollankstraße, 1 febbraio 1962, Fotografo: Peter Heinz Junge / Bundesarchiv, Bild 183-90157-0001 / Junge, Peter Heinz / CC-BY-SA 3.0

29 ottobre 1975

Trattato tra le due amministrazioni delle due Berlino che consente azioni di salvataggio in caso di incidente nelle acque di confine.

Erich Honecker il 29 ottobre 1976, Fotografo: Peter Koard / Bundesarchiv, Bild 183-R1029-031 / Koard, Peter / CC-BY-SA 3.0

23 aprile 1976
Inaugurazione del "Palast der Republik" ("Palazzo della Repubblica") a Berlino est.

16 novembre 1976
Viene espatriato il cantante di Berlino est Wolf Biermann.
1979
A Berlino est viene fondato un nuovo quartiere (il nono): Berlin-Marzahn.

22 maggio 1979
Lo scrittore Stefan Heym di Berlino est viene multato di 9.000 marchi per influenze negative sulla popolazione. Inizi anni '80 Udo Lindenberg compone la canzone "Sonderzug nach Pankow" ("Treno speciale per Pankow"), con la quale invita il capo indiano Erich Honecker ad una esibizione. La canzone viene vietata.

Egon Krenz accoglie nella DDR il cantante Udo Lindenberg e Harry Belafonte, 25 ottobre 1983 Berlino, Fotografo: Bernd Settnik / Bundesarchiv, Bild 183-1983-1025-028 / Settnik, Bernd / CC-BY-SA 3.0

20 gennaio 1984
6 cittadini della DDR chiedono asilo politico all'ambasciata americana a Berlino est.

27 giugno 1984
L'ambasciata della RFT a Berlino est viene chiusa temporaneamente ai visitatori, dopo che 55 cittadini della Repubblica Democratica vi hanno cercato rifugio per ottenere un espatrio a Berlino ovest.

1987
Festival musicale nel quartiere Berlin-Lichtenberg. Ad esibirsi sono musicisti sia dell'est che dell'ovest.

Aprile 1987
Kurt Hager, responsabile per la cultura nella DDR, dichiara in un'intervista riguardo ai mutamenti politici in URRS: "Lei, se il suo vicino tappezzerebbe il suo appartamento, si sentirebbe obbligato a tappezzare ugualmente il suo?".

12 giugno 1987
Il presidente americano Ronald Reagen chiede a Gorbatschow, durante un discorso pubblico davanti alla Porta di Brandeburgo: "Signor Gorbatschow, apra questa Porta – signor Gorbatschow, abbatta questo Muro".

5 settembre 1987
Le autorità di Berlino est consentono per la prima volta una dimostrazione politica di gruppi pacifisti non annunciata.

22 ottobre 1987
I sindaci delle due parti della città si trovano per la prima volta assieme nella chiesa Marienkirche di Berlino est dove si celebrano i 750 anni di Berlino.

17 gennaio 1988
La Stasi incarcera 120 oppositori che, durante la tradizionale "Kampfdemonstration" ("dimostrazione di lotta") della SED per l'anniversario dell'uccisione di Rosa Luxemburg e Karl Liebknecht, hanno marciato con striscioni su cui era citata proprio una frase di Rosa Luxemburg: "La libertà è sempre la libertà delle opinioni diverse".

16 - 19 giugno 1988
Si tengono dei concerti all'aperto a Berlino ovest con la partecipazione, tra gli altri, di Michael Jackson ed i Pink Floyd. I ragazzi di Berlino est si accalcano nei pressi del Muro per poter ascoltare anche loro le canzoni. Ciò provoca le reazioni della polizia. Molti feriti ed arrestati.

1 luglio 1988
Più di 200 ragazzi di Berlino ovest trovano riparo dalla polizia, scavalcando il Muro, a Berlino est.

Maggio 1989
L'apertura del confine tra Ungheria ed Austria permette a molti cittadini della Repubblica Democratica di fuggire nell'Europa occidentale.

7 maggio 1989
Gruppi di diritti civili denunciano i brogli elettorali avvenuti a Berlino est e nella Repubblica Democratica.

6 ottobre 1989
Michail Gorbatschow dice in un'intervista riferendosi alle riforme non ancora avvenute nella DDR: "Chi arriva troppo tardi viene punito dalla vita". Di sera fiaccolata dei FDJ;

100.000 giovani dichiarano il loro "amore" e la loro fedeltà al partito.

7 ottobre 1989

Parata d'onore a Berlino per i 40 anni della Repubblica Democratica Tedesca. Solo il quotidiano "Neues Deutschland" pubblica un'edizione straordinaria. Il titolo, a lettere cubitali, è: "Lo sviluppo della Repubblica Democratica Tedesca sarà anche in futuro l'opera dell'intero popolo". Alla 10 inizia la parata militare a Karl-Marx-Allee. Verso le 17 ad Alexanderplatz si raccolgono migliaia di giovani che verso le 17.20 si dirigono al "Palast der Republik", dove il governo e tutti i suoi ospiti di Stato, tra cui Michail Gorbatschow, Wojciech Jaruzelski e Nicolae Ceauşescu, celebrano l'anniversario della DDR. La folla, composta da 2000-3000 persone, urla "Gorbi, Gorbi", "Gorbi, aiutaci", "Libertà". È la più grande manifestazione dal 17 giugno 1953. Verso le 18 inizia un'altra manifestazione con un migliaio di persone dirette a Prenzlauer Berg alla chiesa Gethsemanekirche, dove dal due ottobre si protesta contro gli ingiusti arresti politici. Verso le 20.30 le forze dell'ordine circondano e bloccano la zona attorno alla U-Bahnhof Schönhauser Allee, e disperdono la folla di dimostranti con la violenza. Dopo la partenza di Gorbatschow, Erich Milch dichiara: "Adesso basta con l'umanità".

9 ottobre 1989

Ha luogo la "Manifestazione del lunedì" ("Montagsdemonstration") di Leipzig: tra le vie del centro storico si raccoglie una folla di 70.000 abitanti. La paura che si possa sfociare in violenza e bagni di sangue serpeggia tra le persone, ma le 3.000 forze dell'ordine rimangono inette di fronte ad una così numerosa partecipazione. La gente grida: "Wir sind das Volk" ("Siamo il popolo"). Ecco una testimonianza riportata nel libro Chronik der Wende: "Abbiamo paura, paura per noi stessi, per i nostri amici, per le persone intorno a noi e paura a causa di quelli in uniforme di fronte a noi. Abbiamo paura del futuro della nostra nazione. La violenza provoca sempre solo violenza. La violenza non risolve nessun problema. La violenza è inumana. La violenza non può essere il segno di una società migliore. Il partito e il governo debbono prima di tutto prendersi le responsabilità di una situazione grave che si è creata. Ma oggi sta a noi impedire un aumento graduale della violenza. Da ciò dipende il nostro futuro"4 Anche a Berlino la polizia retrocede. Non viene presa nessuna misura contro la folla attorno alla Gethsemanekirche.

14 ottobre 1989

50.000 fuggitivi della DDR hanno già raggiunto la Repubblica Federale dopo l'apertura dei confini ungarici. Una donna, che da Berlino est è giunta a Berlino ovest attraverso l'Ungheria, viene ripresa dal canale televisivo Sender Freies Berlin mentre cerca un lavoro. Oramai degli 84.000 disoccupati della parte ovest della città, un decimo è composto dagli abitanti della DDR.

15 ottobre 1989
Il gruppo "Demokratischer Aufbruch", il cui maggior esponente è il parroco Rainer Eppelmann della chiesa berlinese "Samariterkirche", chiede, in una lettera aperta al sindaco di Berlino est, la costituzione di una commissione indipendente per indagare le violazioni dei diritti umani avvenuti il 7 e 8 ottobre. E aggiunge che la violenza e le intimidazioni non sono le premesse adatte per un dialogo democratico. Di sera ha luogo un concerto contro la violenza nella chiesa di Berlino est "Erlöserkirche", dove cantanti e scrittori chiedono riforme.

16 ottobre 1989
Musicisti rock si riuniscono a Berlino est e chiedono, tra le altre cose, l'accettazione dei vari gruppi democratici, tra i quali il più conosciuto è il "Neues Forum". Circa 3000 artisti firmano la petizione.

18 ottobre 1989
Con l'estromissione dal potere di Erich Honecker e dei suoi più stretti collaboratori, quali Günter Mittag e Joachim Herrmann, si chiude un epoca nella storia della DDR. Di sera Egon Krenz riconosce che non si erano prese sul serio i cambiamenti in corso nella Repubblica e per la prima volta utilizza la parola "Wende" ("svolta") non in merito agli avvenimenti attuali, ma al partito SED, che vuole rilanciare nuove basi politiche ed ideologiche per riaffermare il suo potere. Oggi nel 2008, il termine "Wende" indica il periodo in cui avvennero i fatti che portarono alla caduta del Muro.

20 ottobre 1989
Per la prima volta nella breve storia della DDR, il governo offre la possibilità ai suoi cittadini fuggiti di ritornare senza che finiscano in carcere.

23 ottobre 1989
La televisione nazionale continua a diffondere propaganda da guerra fredda. Infatti, il più odiato presentatore della DDR, Karl-Eduard Schnitzler, afferma che le ultime vicende di ottobre sono state inscenate e orchestrate dagli occidentali imperialisti.

24 ottobre 1989
Nell'edificio della "Haus der jungen Talente" a Berlino est, rappresentanti di gruppi civili e artisti discutono sul tema della serata: "Die DDR – wie ich sie mir träume" ("La DDR – come io la sogno"). Il risultato è una nazione socialista senza le strutture antidemocratiche staliniste.

27 ottobre 1989
Amnistia per tutti coloro i quali sono stati arrestati per aver tentato di fuggire dalla DDR.

La pratica usuale è che tali prigionieri vengono rilasciati liberi nella Repubblica Federale. In questo caso, però, si stabilisce che i prigionieri vengano scarcerati nella DDR e molti di essi la rifiutano.

28 ottobre 1989
Nel "Deutsches Theater" Ulrich Mühe legge brani dal libro autobiografico "Schwierigkeiten mit der Wahrheit" ("Difficoltà con la verità") di Walter Janka, ex direttore della casa editrice "Aufbau-Verlag", che nel 1956 è stato arrestato sotto la falsa accusa di cospirazione contro il governo della DDR e condannato a 5 anni di prigionia.

4 novembre 1989
Un milione di cittadini protestano a Berlino contro la dittatura della SED e a favore delle riforme democratiche: è la più grande manifestazione della DDR. Gli attori portano la scritta: "Nessuna Violenza". Risaltano alcuni slogan come:

- "Freiheit, Gleichheit, Ehrlichkeit" ("Libertà, uguaglianza, onestà")
- "Rechtsicherheit ist die beste Staatssicherheit" ("Una giustizia equa è la migliore sicurezza per lo Stato")
- "Es lebe die Oktoberrevolution 1989" ("Viva la rivoluzione d'ottobre 1989")
- "Wir sind das Volk" ("Noi siamo il popolo")

Oltre ad artisti come Ulrich Mühe e Stefan Heym, prendono la parola sul palco ad Alexanderplatz anche il membro della SED Schabowski e l'ex generale della Stasi Markus Wolf, ma vengono fischiati mentre tentano di enunciare le riforme proposte dal governo. Si alzano in cielo le urla: "Troppo tardi, troppo tardi". Si sente la mancanza di Wolf Biermann, al quale non hanno dato il permesso di poter ritornare nella DDR.

6 novembre 1989
I capi della SED festeggiano il 72° anniversario della rivoluzione d'ottobre allo Staatsoper di Berlino.

9 novembre 1989
Günter Schabowski, davanti alle telecamere in una conferenza stampa, comunica che il governo ha deciso che tutti i cittadini della DDR possono viaggiare per scopi privati anche nei paesi occidentali. E alla domanda di un giornalista italiano: "da quando?", il poco preparato Schabowski risponde: "Per me da subito". Migliaia di Berlinesi si precipitano ai posti di confine, una grande calca spinge per poter passare. Gli increduli ufficiali, però, non hanno ricevuto nessuna istruzione. Mezz'ora prima di mezzanotte alcuni di essi decidono di aprire i confini.

10 novembre 1989

Berlino è il palcoscenico di una festa gigantesca sotto i riflettori del mondo intero. Si balla e si canta, la via Ku'damm è piena di Trabant (macchina costruita nella DDR ed uno dei suoi simboli). Il punto d'attrazione è la Porta di Brandeburgo. Lì, a migliaia si arrampicano sul Muro e ci ballano sopra, indifferenti ai gettiti d'acqua per farli cadere. Questa volta a differenza del 1953 non c'è l'appoggio dei militari russi a sostegno della SED. Tutti i cittadini della DDR ricevono in omaggio dalle banche della parte ovest 100 marchi di benvenuto. Il cancelliere tedesco Helmut Kohl (che viene fischiato) e Willy Brandt tengono un discorso davanti al Schöneberger Rathaus a Berlino ovest.

Schabowski durante la conferenza stampa il 9 novembre 1989, Fotografo: Thomas Lehmann / Bundesarchiv, Bild 183-1989-1109-030 / Lehmann, Thomas / CC-BY-SA 3.0

12 novembre 1989

A Potsdamer Platz si apre un altro posto di confine. È il quinto dalla caduta del Muro. Il gruppo berlinese "Neues Forum" distribuisce volantini rivolti a tutta la popolazione: "Cittadine e cittadini della DDR, non vi lasciate distrarre dalle offerte di una ricostruzione politica della società. Voi siete gli eroi di una politica rivoluzionaria". A Berlino vi è il primo fine settimana in comune tra famiglie di Berlino est ed ovest dal 13 agosto 1961 e nella Deutschlandhalle di Berlino ovest ha luogo un concerto con gruppi sia della Germania ovest che della Germania est.

Hilf
atlos

Muro di Berlino

Foto a sinistra in alto:
Muro di Berlino 1988, via Niederkirchnerstraße - Autore: Roland Arhelger / CC BY-SA 4.0 - https://commons.wikimedia.org/wiki/File:Berlin_Wall,_Niederkirchnerstraße,_Berlin_1988.JPG

Foto a sinistra in basso:
Caduta del Muro di Berlino - Autore: Xizdos / CC BY-SA 4.0 - https://commons.wikimedia.org/wiki/File:Caída_muro_de_berlin.jpg

Foto a destra in alto:
Berlino 1989, Caduta del Muro - Autore: Raphaël Thiémard / CC BY-SA 2.0 - https://commons.wikimedia.org/wiki/File:Berlin_1989,_Fall_der_Mauer,_Chute_du_mur_08.jpg

Foto a destra in basso:
Persone sul Muro presso la Porta di Brandeburgo il 9 novembre 1989 - Autrice: Sue Ream / CC BY-SA 3.0 - https://commons.wikimedia.org/wiki/File:BerlinWall-BrandenburgGate.jpg

17 novembre 1989
10.000 studenti della DDR dimostrano per le strade di Berlino a favore di un'università con consigli di studenti autonomi e per l'abolizione dell'insegnamento obbligatorio del Marxismo-Leninismo.

21 novembre 1989
Concerto spontaneo davanti alla Brandenburger Tor di "Crosby, Stills & Nash".

22 novembre 1989
Un migliaio di persone fa la fila davanti alla galleria di Berlino est "Prisma" per assistere alla presentazione del libro "5 Tage im Juni" ("5 giorni in giugno") di Stefan Heym. Il libro, scritto 30 anni prima e vietato dal regime, narra le vicende e i retroscena del 17 giugno 1953.

23 novembre 1989
Nel cinema berlinese "International" viene proiettato il film "Spur der Steine" di Frank Beyer, vietato da oltre vent'anni dalla SED. Il protagonista principale, Manfred Krug, è dopo 13 anni di nuovo nella DDR e racconta dei metodi di rappresaglia adottati dalla dittatura, come l'adozione di brigate per disturbare le proiezioni e impedire il propagarsi di idee differenti e contrastanti al comunismo.

24 novembre 1989
Il poliziotto Horst L. viene condannato ad un anno e due mesi di prigione per gli avvenimenti del 7 e 8 ottobre.

28 novembre 1989
Lo scrittore Stefan Heym propone di mantenere uno stato socialista e di non svendere la Repubblica Democratica alla Germania di Kohl.

30 novembre 1989
Controlli per abuso di potere e per spreco dei beni di Stato contro gli ex sei politici più potenti della DDR, tra cui anche Herich Honecker: rilevati beni di lusso e proprietà private, come addirittura terreni di caccia che riservavano per sé e per i propri familiari.

1 dicembre 1989
Wolf Biermann può finalmente ritornare a Berlino est: riceve le scuse delle autorità.

3 dicembre 1989
Nel teatro della "Volksbühne" a Berlino est, viene fondata l'"Unione delle donne indipendenti", un'associazione, che discute le riforme politiche ed economiche della DDR. A partire da dicembre lo slogan "Noi siamo il popolo" cambia in "Noi siamo un popolo",

che esprime la volontà dei cittadini della Repubblica Democratica di una riunificazione veloce con la Germania ovest.

4 dicembre 1989
Tentativo di eliminare o allontanare documenti compromettenti nel "Zentralkomitee" ("Comitato centrale") della SED. Nell'aeroporto Berlin-Schönefeld si scoprono due aeroplani pieni di atti con direzione Romania. I media rendono noti casi di giustizia personale.

6 dicembre 1989
Come responsabile degli abusi e delle violenze delle forze dell'ordine, durante le manifestazioni del 7 e 8 ottobre, viene indicato Erich Mielke. Un poliziotto testimonia che Mielke, dopo aver osservato la folla di dimostranti, abbia gridato: "Bastonate questi porci".

11 dicembre 1989
Dopo moltissimi anni le quattro potenze vincitrici delle seconda guerra mondiale si riuniscono a Berlino ovest per discutere le conseguenze degli avvenimenti e dei cambiamenti nella DDR.Intanto la situazione a livello sanitario peggiora sempre di più a causa della fuga di medici, infermieri e dentisti nell'ovest.

22 dicembre 1989
La Porta di Brandeburgo, simbolo della divisione tedesca, è riaperta.

31 dicembre 1989
Una grande folla si raduna nell'area attorno alla Porta di Brandeburgo per festeggiare la "Notte delle notti".

Anni '90
Berlino, fedele alla sua storia, ridiventa un cantiere aperto: spuntano dappertutto nuove costruzioni e si eseguono numerose ristrutturazioni che cambiano nuovamente il volto alla città (vedere il capitolo architettura). Durante la divisione del Muro di Berlino si sono formate istituzioni ed associazioni doppie. In entrambe le parti della città ci sono, ad esempio, l'Accademia delle Scienze, l'Accademia delle Arti ed il Conservatorio. Di conseguenza con l'unificazione il ruolo culturale di Berlino si è ampliato ulteriormente, facendola divenire una delle capitali culturali più importanti e dinamiche a livello mondiale.

30 gennaio 1990
Honecker viene tolto di prigione ed alloggiato nella parrochia Pflegeheim Lobetal, presso Bernau a nord di Berlino. È libero di muoversi senza condizioni. Il suo avvocato dichiara che è in una condizione di "depressione generale". Proteste contro la scarcerazione di Honecker. Scoperta una centrale di sorveglianza telefonica a Berlino est.

13 marzo 1990
Quattro ragazzi berlinesi dell'est pestano un soldato, perché voleva controllare le loro identità mentre si dirigevano a Berlino ovest.

18 marzo 1990
Prime elezioni democratiche nella DDR. Vince la CDU con quasi il 41% dei voti. Willy Brand dichiara che è stata votata l'unificazione tedesca "velocemente senza - Se - e senza - Ma -". Il suo compagno di partito Otto Schily, con in mano un frutto esotico, di fronte alle telecamere afferma che le persone della DDR hanno votato le banane (frutto non importato nella DDR). Stefan Heym dice: "Non ci sarà più una DDR. Essa non sarà nient'altro che una nota a piè di pagina nella storia mondiale".

6 maggio 1990
Prime libere elezioni comunali a Berlino est. Vince il partito SPD.

26 giugno 1990
Viene abbattuto il posto di controllo Checkpoint Charlie, il più famoso di Berlino.

1 luglio 1990
A Berlino vi è l'unione monetaria.

31 agosto 1990
Firma del trattato di riunificazione della Germania nel "Palais Unter den Linden" a Berlino est.

3 ottobre 1990
Unione politica formale tramite l'Articolo 23 della costituzione della Germania ovest. Berlino diviene formalmente la capitale della Germania unita.

2 dicembre 1990
Prime elezioni della Germania unita.

20 giugno 1991
Votazione a favore del trasferimento della capitale a Berlino.

13 agosto 1991
A Bernauer Straße costruzione di un monumento per i 30 anni della realizzazione del Muro.

2 settembre 1991
Primo processo per le persone uccise durante i loro tentativi di fuga ("Mauerschützenprozeß").

Quattro sono i soldati imputati per aver aperto il fuoco contro Chris Gueffroy nel febbraio 1989.

10 settembre 1991
A seguito del cambio di nome della piazza "Leninplatz" a "Platz der Vereiniten Nationen", si decide di allontanare anche la statua di Lenin.

2 dicembre 1991
A Berlino est si cambiano i nomi di tantissime strade e piazze. Anche ciò contribuisce a mutare sostanzialmente il volto della città.

2 gennaio 1992
I cittadini perseguitati dalla Stasi possono, per prima volta, vedere i propri atti nella centrale "Gauck-Behörde".

10 marzo 1992
Nascita di una commissione di artisti e storici dell'arte con il compito di valutare quali dei monumenti socialisti debbano rimanere oppure essere allontanati.

27 giugno 1992
Festeggiamenti ad Alexanderplatz per la riunificazione delle linee telefoniche di Berlino est ed ovest dopo 40 anni.

18 giugno 1994
Parata di commiato delle tre potenze occidentali.

25 giugno 1994
Parata di commiato dei russi.

7 maggio 1995
La ricostruita "Neue Synagoge" a Oranienburger Straße viene battezzata come "Centrum Judaicum" in occasione del cinquantesimo anniversario della liberazione da Hitler.

12 ottobre 1995
Una commissione di "Donne indipendenti per i nomi delle strade" propone una lista di 100 nomi di donne, che secondo loro, hanno guadagnato l'onore di avere una via con il loro nome.

26 dicembre 1995
Il presidente della Berliner Jüdischen Gemainde ("Comunità ebraica berlinese") rende noto

che, negli ultimi anni, si sono trasferiti 5.000 ebrei a Berlino e con i suoi 10.000 membri ha la più grande comunità della Germania.

1996
La Love-Parade è la festa all'aperto più grande del mondo con circa 750.000 partecipanti.

16 giugno 1996
Funerali in onore del grande regista teatrale Heiner Müller.

5 marzo 1997
Processati i due soldati colpevoli di aver aperto il fuoco contro Peter Fechter. Questo è il quarantottesimo processo per le uccisioni durante i tentativi di fuga attraverso il Muro

27 giugno 1998
Apertura dell'Alliierten-Museum ("Museo degli alleati") in occasione del cinquantesimo anniversario del Ponte Aereo.

1999
Berlino diviene la capitale della Germania a tutti gli effetti quando il Bundestag ha la sua prima sessione nel ricostruito Reichstag.

Notte di San Silvestro (1989/90), Fotografo: Hartmut Reiche - Bundesarchiv, Bild 183-1990-0101-008 / Reiche, Hartmut / CC-BY-SA 3.0

Passaggio di confine di Bornholmer Straße, il primo ad essere aperto, Fotografo: Robert Roeske - Bundesarchiv, Bild 183-1989-1118-018 / Roeske, Robert / CC-BY-SA 3.0

10.11.1989: Passaggio di confine di Bornholmer Straße. Folla con striscioni, tra cui "Assapora l'ovest!", e con l'auto "Trabant" sul "Ponte dei Cattivi" - Attribuzione: Bundesarchiv, Bild 183-1989-1118-028 / CC-BY-SA 3.0

La Berlino di vetro

Di solito la storia è fatta di eventi che si ripetono ciclicamente (i cosiddetti corsi e ricorsi storici) e il tratto saliente di Berlino, sin dalla sua nascita, è ripartire dall'inizio, non fermarsi mai, abituata a vivere soprattutto nel presente, in continua evoluzione, in frenetico cambiamento, avvezza a demolire per poi costruire. Anche nella letteratura dei giovani autori berlinesi vi è traccia di questo fenomeno e naturalmente Judith Hermann non fa una eccezione. Nei suoi racconti di vita quotidiana appaiono sullo sfondo queste case in rovina che verranno abbattute per edificarne di nuove.

Il cartoncino con il nome accanto alla porta era stato strappato. Pigiai il campanello; nessun suono. Spiai attraverso il buco della serratura e vidi il lungo corridoio bianco e vuoto del suo appartamento, a quel punto capii che se n'era andata. Sono sicuro che tra poco demoliranno quel palazzo. È febbraio, continuo a riempire la stufa di carbone, ma non riscalda…[14]

La nuova Berlino riunificata, proprio come in altri fasi del passato, riparte dall'inizio (Renzo Piano descrive così la riedificazione di pressappoco sette ettari del centro della metropoli: "Ci vogliono cinquecento anni per fare una città e cinquanta per fare un quartiere. A noi hanno chiesto di fare una bella fetta di Berlino in cinque anni") e in modo prorompente si fa spazio in Europa, proponendosi come la nuova capitale della cultura. E l'architettura non può che esserne una testimonianza. Essa è il mezzo espressivo più diretto e immediato attraverso il quale si possono cogliere visivamente le caratteristiche, i contenuti, i tratti salienti di una società. Si può leggere in un passaggio di un libro di Carlos Fuentes:

Poteva dedurre dai libri – ti disse – un modo di pensare, di nominare, però voleva vedere come si muovevano, come allungavano la mano, come tenevano la testa. Voleva sapere perchè questa circospezione poteva contenere tutta la passione. E poi voleva che la sua gioventù apprendesse, per prima cosa, la lezione presente nell'architettura, dove la forma è, immediatamente, il contenuto, senza bisogno di ornamento o commento, esattamente come la tragedia è letteratura architettonica: è la sua apparenza...[15]

14 Judith Hermann, *Somerhaus, später*, Fischer, Frankfurt am Main, 2000, pag. 83-84 (traduzione di Barbara Griffini)

15 Carlos Fuentes, *Cambio de piel*, Suma de Letras, Madrid, 2001, pag. 73

I cambiamenti architettonici più radicali e veloci sono avvenuti a partire dal 1871 con l'unificazione della Germania e dopo la caduta del Muro nel 1989, quando la città divenne, in entrambi i casi, la capitale. Dopo il 1871 si edificò talmente tanto che si coniò il termine di "Berlino di pietra". Dopo il 1989 è stato costruito interamente un nuovo quartiere lungo la Sprea, quello governativo, e Potsdamer Platz. A mio parere, oggi, si può parlare di una "Berlino di vetro", visto che quasi tutti i nuovi edifici sono in maggioranza di questo materiale.

Come appendice allego un breve sunto dell'architettura della città di questi due periodi storici non solo per un confronto tra di essi, dato che hanno molte analogie in comune (durante i quali si è dovuto pensare a costruzioni e strutture degne di una capitale europea), ma anche per delineare la Berlino odierna, la Berlino del dopo Muro, della Judith Hermann, dove sono ambientati la maggioranza dei suoi racconti. Una Berlino che non ricostruisce confusionariamente ma secondo la cosiddetta "ricostruzione critica". Infatti, se vi è la possibilità, si tenta di recuperare i tratti originari di una struttura, unendoli al nuovo. Anche quando si è dovuto edificare dal nulla, come il quartiere governativo, si è riusciti a mantenere un legame con la storia attraverso i nomi; un esempio è l'edificio intitolato a Paul-Löbe, ultimo presidente del Reichstag, prima che Hitler conquistasse il potere. Passeggiando tra le strade della ritrovata capitale non è difficile imbattersi in sculture che all'apparenza non hanno nessun significato ma che ricordano importanti avvenimenti; esse ne fanno parte e non possono essere ignorate. Ma questo è argomento del paragrafo successivo.

La Berlino di pietra

Con la vittoria contro la Francia nacque il Reich. I francesi pagarono cinque mila marchi per i danni di guerra, ingrossando le casse dell'imperatore. La borsa di Berlino divenne la più importante della Germania e di conseguenza si trasformò in una delle città imprenditoriali ed economiche più importanti del mondo. Gli 800.000 mila abitanti del 1871 si triplicarono alla fine del secolo. Per comprendere come le trasformazioni fossero velocissime, basti dire che tra il 1871 e il 1872 vennero costruite 40 banche del credito fondiario e immobiliare. Le maggiori società per azioni influirono nella crescita urbanistica comprando terreni nelle zone più esterne del distretto municipale. L'Allgemeine Omnibus AG, ossia il trasporto pubblico a cavalli, che solo dopo quattro anni copriva 22 linee tra cui anche le periferie e i settori attigue al centro, fu avviata nel 1868. La Ringsbahn, che univa le stazioni di testa, adiacenti alla vecchia cinta doganale e che coprivano un tracciato a mo di corona, nacque nel 1871; mentre la Stadtbahn, che collegava la parte est con l'ovest, fu costruita nel 1882. Si realizzò una rete fognaria che consentiva lo smaltimento di rifiuti in punti molto distanti dalle fabbricazioni e non più nella Sprea. Altri lavori che qui ricordiamo sono l'illuminazione pubblica, la manutenzione delle strade e l'estensione dell'acquedotto cittadino, ospedali, scuole, edifici per il culto. Vennero costruiti la sede del Reichstag e il nuovo Palazzo di giustizia. Il problema principale nelle aree esterne al nucleo storico era la precarietà di abitazioni: vi erano 166.144 alloggi per 826.000 residenti. Le 700.000 abitazioni (è quella che Werner Hegemann definirà come la Berlino di pietra), furono edificate dal 1880 alla fine del secolo. Le industrie si dislocarono in periferia e nacquero quartieri operai come, ad esempio, la Siemensstadt o l'area occupata a Tegel, nel 1898, dalla Borsig. Dagli ultimi vent'anni del 1800 a Berlino ci si occupò soprattutto di portare a termine le grandi opere, mentre le abitazioni soddisfacevano più il bisogno funzionale che non quello estetico. Fu citata spesso la celebre epigrafe baconiana, che Muthesius utilizzò nel terzo volume del suo libro sulla casa inglese: "le case vengono costruite per essere abitate e non per essere guardate"

La Berlino di vetro

Dopo la caduta del Muro l'iniziale preoccupazione è stata quella di cercare di risolvere i problemi riguardanti le aree in precedenza divise in due e quindi sviluppatesi in modo totalmente distinto. Architetti di differenti paesi vennero contattati affinché stilassero le loro idee per il centro di Berlino. A Hilmer e Sattler venne affidata l'area Potsdamer Platz/ Leipziger Platz. A Renzo Piano un'ampia zona a sud della nuova Potsdamer Strasse, della Daimler Benz. A Helmut Jahn, l'area a nord della nuova Potsdamer Strasse di proprietà della Sony. Ad Axtel Schultes, la Spreebogen (area lungo la Sprea). A Calatrava e Foster la ristrutturazione del Reichstag. Grave si è presentata la situazione nei sobborghi orientali con sistemi di prefabbricazione a grandi pannelli: Lichtenberg, Hohenschönhausen, Marzahn, Hellersdorf e si è dovuto immediatamente versare 200 milioni di marchi per il recupero edilizio degli undici distretti dell'est. Berlino, a differenza delle altre grandi capitali europee, si offre ancora a sperimentalismi. Oggi è il Postmodernismo che è di voga e che sta regalando alla città distinte sfaccettature (grazie ai vari stili che questa corrente adopera); anche se quella tendenza di unire presente e passato non è stata dimenticata: Kleihues è uno di quei convinti assertori che bisogna conoscere il passato di un luogo prima di intervenire su di esso. Nel distretto di Mitte o la Pariser Platz, ad esempio, si è cercato di recuperare i tratti originari, secondo la cosiddetta "ricostruzione critica"; nella Museuminsel ("Isola dei musei") si stanno rinnovando gli edifici storici. Pariser Platz fu parzialmente distrutta durante il secondo conflitto mondiale e rifatta tra il 1956 e il 1957; le abitazioni danneggiate vennero abbattute. Il Senato di Berlino decretò, nel 1993, che essa sarebbe dovuta rinascere conservando le sue antiche proporzioni e recuperando la struttura in pianta e le vecchie destinazioni d'uso. È così che l'ubicazione dell'ambasciata americana, l'Accademia delle Belle Arti, dell'Hotel Adlon è la stessa di quella prima della guerra. Pariser Platz deve il suo nome alla conquista di Parigi nel 1814 e la Brandenburger Tor ne è il suo simbolo (la dea della vittoria fu "rubata" da Napoleone e recuperata nello stesso 1814). Anche la Friedrichstraße è stata ripensata secondo il metodo della "ricostruzione critica", quando nel 1991 la si volle far divenire una via commerciale. Si sarebbe dovuto mantenere il tracciato storico con il rispetto dei vecchi allineamenti di piazze e vie. Questa strada venne commissionata da Friedrich III (i lavori iniziarono a partire dal 1691). Essa divenne, dal fatidico anno 1871, con i suoi numerosi cafés, ristoranti, teatri, negozi, la via dello svago e degli acquisti. Essendo ritornata ad essere capitale (e ciò ha comportato, come nel passato, a ripensare costruzioni e infrastrutture) si è deciso di costruire gli edifici governativi nel distretto di Mitte e presso l'ansa della Sprea. Lungo il fiume, infatti, si è pianificato il "Band des Bundes" ossia il "nastro della federazione", che in modo simbolico unisce l'est e l'ovest, una volta divise dal Muro. Di questi edifici governativi diamo pochi esempi, come la Paul-Löbe-Haus di Braunfels (1997-2000), di otto piani. In questo palazzo ci sono sale riunioni, 900 uffici per i parlamentari, segreterie delle commissioni, etc. Dei tunnels sotterranei lo collegano agli altri stabili parlamentari. Il Reichstag venne adottato come sede del Parlamento nel 29.10.1991. Il progetto, affidato a Sir Norman Foster, manteneva l'antico nucleo neobarocco e non vennero eliminati quei graffiti dei soldati russi del 1945 scoperti durante i lavori. E fu il Parlamento stesso a volere, contro il parere dell'architetto, la cupola pensata in modo moderno (in vetro). Il Reichstag (1884-94) fu costruito da Paul Wallot con lo scopo di impersonificare la maestosità del rifondato Reich tedesco (1871). Il 28 maggio 2006 è stata inaugurata la Hauptbahnhof – "Stazione centrale" – (dall'architettura futuristica. Anch'essa in vetro), che rappresenta il più grande nodo ferroviario europeo. Essendo la maggioranza delle nuove costruzioni in vetro, credo che ci si possa arrogare il diritto di parlare di una nuova "Berlino di vetro".

Immagini della nuova architettura

Il caseificio Bolle, costruito nel 1890, era un prototipo di archeologia industriale. Oggi all'interno dell'edificio vi è un hotel, un ristorante e dei negozi. Dietro al caseificio il Ministero degli interni, portato a termine nel 1994. Si può osservare la sua collocazione nella planimetria del *Band des Bundes*

Il *Reichstag*, terminato di restaurare nel 1999. Si può notare come la cupola sia in vetro

Vari edifici del nuovo quartiere governativo: le costruzioni sono in prevalenza in vetro. Sullo sfondo si può osservare la nuova *Hauptbahnhof* inaugurata il 28 maggio 2006. Anch'essa è in prevalenza in vetro

Interno dell'*Hauptbahnhof*. Si può immediatamente osservare la concezione futuristica della struttura

Veduta panoramica di *Potsdamer Platz* di notte

I due grattacieli *Ritz Carlton Berlin* e *Delbrück-Haus*

Hauptbahnhof

Panorama che si offre all'uscita della *Hauptbahnhof*

Potsdamer Platz: nuovi edifici berlinesi

Tracce del passato

Berlino è una metropoli ricca di piccole tracce che ne ricordano gli avvenimenti passati. Molte di esse sono difficilissime da riconoscere. Ad esempio, nel 1961 Ulbricht decise di far rimuovere la statua di Stalin (inizio della destalinizzazione sia in USSR che nella DDR), e pochi sanno che:

> *Il monumento è stato scomposto nelle sue singole parti e sciolto nella fonderia VEB. Il materiale tornò a vantaggio di tutti i cittadini della Berlino est. Esso fu utilizzato per farne figure di animali in bronzo, che, i visitatori, ancora oggi, ne possono godere a Tierpark … così vennero eliminate tutte le tracce del monumento di Stalin. Tuttavia le guardie della Stasi non poterono impedire, che i lavoratori della fonderia sottraessero, come souvenir, il naso e una punta dei baffi del dittatore sovietico. Questi rari reperti ritornarono alla luce dopo la svolta e possono essere ammirati in un museo nel Café Sibylle in Karl-Marx-Allee.*[16]

L'arte può avere anche un influsso nella vita quotidiana dei cittadini, può assumere una funzione pubblica. Questo avviene quando si espongono opere in luoghi come piazze o strade, dove, volenti o nolenti, gli abitanti interagiscono con esse. Le statue fatte erigere dalla SED avevano il compito di evocare continuamente i crimini di guerra dei nazisti o le grandi personalità socialiste come, ad esempio, la statua di Lenin sulla Leninplatz. Dopo la caduta del Muro, vari artisti di tutto il mondo furono incaricati, sia dal governo che da imprese private, di realizzare numerose sculture nel centro di Berlino.

> *Dopo la riunificazione si trasferirono una serie di imprese nel distretto storico di Mitte Berlin ("Berlino centro") che ora viene definito solo come Neue Mitte ("Nuovo centro"), e attrezzarono le sedi delle loro imprese, ma anche le attigue strade, piazze, i passaggi delle gallerie commerciali, con opere di arte figurativa.*[17]

Berlino ha perso, a differenza di altre grandi capitali europee (Roma, Vienna, Parigi, etc. etc.) gran parte del suo patrimonio storico e molte di queste nuove

16 Hans-Hermann Hertle / Stefan Wolle, *Damals in der DDR*, Goldmann Taschenbuchausgabe, München, 2006, pag. 24 (traduzione libera dell'autore)

17 Hans Dickel / Uwe Fleckner, *Kunst in der Stadt - Skulpturen in Berlin*, Nicolaische Verlagsbuchhandlung, 2003, pag. 16

sculture hanno il compito di ricordare importanti avvenimenti del passato.

> *Opere come la Missing House (Casa Mancante) di Christian Boltanskis o come la Mahnmal für die Bücherverbrennung (Monumento Commemorativo dell'incendio dei libri) di Micha Ullman a Bebelplatz o la Orte des Erinnerns (Luoghi del ricordo) con i quali Renata Stih e Frieder Schnock diedero dei precisi segnali nel quartiere bavarese, offrono convincenti forme artistiche, con le quali la memoria dei crimini del nazionalsocialismo e, con essa collegata, l'ammonimento politico, raggiunge un grande cerchio di osservatori.*[18]

Dunque vi sono episodi, che la città non ha nessuna intenzione di dimenticare, lo stesso odiato Muro, abbattuto così velocemente, viene richiamato alla memoria attraverso piccolissime tracce sparse per le strade della metropoli. Mi limiterò a citare solo alcune di queste sculture della nuova Berlino.

Placca commemorativa del Muro

18 Ibidem, pag. 19

Sculture della nuova Berlino

Dan Flavin, *Ohne Titel*; realizzata nel 1996. L'ex Hamburger Bahnhof, che oggi è la sede del Museum für Gegenwart (Museo dell'arte contemporanea) è un edificio storico. L'autore ha posto sulla struttura originaria delle illuminazioni elettriche di colore azzurro. Di notte esse catturano l'attenzione dei passanti su un edificio che incarna, in tal modo, il passato e il presente della città

Micha Ullmann, *Bibliothek*; realizzata tra il 1993-94, è una scultura in memoria dell'incendio dei libri da parte dei nazisti

Rainer Görs, *Denkzeichen Modezentrum*, realizzata nel 2000. Si trova a *Hausvogteiplatz*, che era il centro della moda di Berlino sin dagli anni trenta del diciannovesimo secolo. Intorno al 1914, circa l'80% delle attività apparteneva agli ebrei, che furono poi mandati nei campi di sterminio dei nazisti. Salendo le scale si possono leggere alcuni nomi e date (fino al 1939) di queste attività

Wolfgang Rüppel, *Denkmal des 17 Juni 1953*; realizzata nel 2000, ricorda lo sciopero avvenuto nel 1953 nell'allora DDR e conclusosi tragicamente

Christian Boltanski, *The Missing House*; scultura realizzata nel 1990. Nel febbraio del 1945 un condominio di Grosshamburger Strasse, i cui antichi abitanti erano tutti ebrei, venne abbattuto dai bombardamenti aerei. Boltaski, come dice il titolo "La casa mancante", ha realizzato uno spazio commemorativo che ricorda l'assenza dell'edificio. Ci sono dei cartelli che indicano i nomi degli inquilini, con le loro date di nascita e morte, le loro professioni e l'appartamento che ognuno di essi occupava.

Peter Eisenman, *Denkmal für die ermordeten Juden Europas* ("Monumento alla memoria degli ebrei d'Europa assassinati"; 1997-98)

Frank Thiel, *Leuchtkästen;* realizzata nel 1998 monumento a ricordo del *Checkpoint Charlie.* Si trova lungo la *Friedrichstraße*

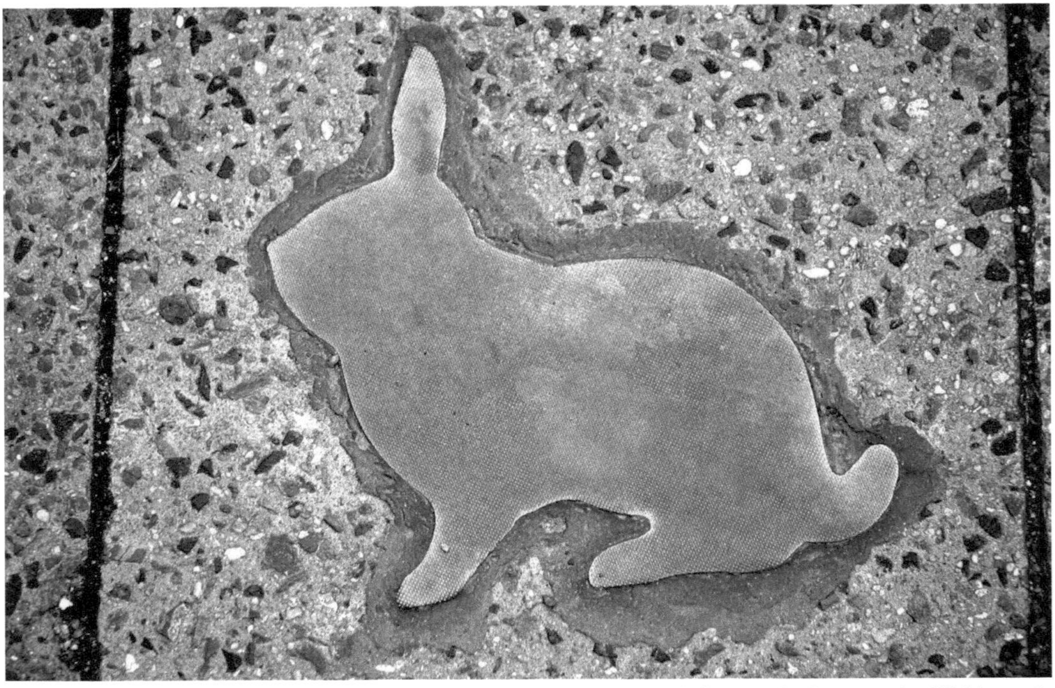

Karla Sachse, *Kaninchenzeichnen;* realizzato nel 1999, questo coniglio, tra la *Liesen* e la *Wöhlerstraße*, demarca il confine tra Berlino est e ovest, dove una volta c'era il Muro: *I conigli erano diventati nella parte est della città il simbolo della libertà già molto tempo prima della caduta del Muro. Possedevano il privilegio di attraversare il confine tra est ed ovest senza passaporto. Erano liberi, mentre gli abitanti della RDT erano rinchiusi nel paradiso degli operai e degli agricoltori…**

* Ralf Gründer, *Berliner Mauerkunst*, Böhlau Verlag, Köln, 2007, pag.69

Il Memoriale di Bernauer Straße conserva una piccola parte del Muro e della striscia della morte. Vi è inoltre l'omaggio alle vittime assassinate nel tentativo di fuggire nella Germania ovest

Foto: la Prigione della Stasi. Altre tracce del passato, le si trovano nella conservazione delle grandi opere, come l'Archivio e la Prigione della Stasi, all'interno della quale le persone venivano tenute in stato di fermo, per essere interrogate dalla polizia segreta. Essi erano soprattutto detenuti politici, che subivano violenze fisiche e psichiche. Il carcere è rimasto in funzione dal 1951 al 1989. Prima del 1951 il carcere era sotto il controllo dell'amministrazione sovietica.

Archivio Stasi

Generation Golf e Zonenkinder

Uno degli avvenimenti più importanti degli ultimi decenni è stato sicuramente la caduta del Muro di Berlino. Senza di esso non si sarebbe neanche verificata quella corrente letteraria degli anni '90 in cui è ben inserita Judith Hermann. Questa vicenda ha cambiato il corso della storia, non solo europea, ma anche mondiale, ha significato la fine della Guerra Fredda, la fine di due blocchi contrapposti ed è entrata nell'immaginario della gente al punto da scatenare la fantasia degli scrittori:

Quando il Muro non c'era più, il popolo si strofinò gli occhi e alla fine dovette credere, di essere stato lui stesso ad abbatterlo. Mi era chiaro, che questa leggenda Il-popolo-fa-saltare-il-Muro non poteva essere più sostenuta … Si, è vero. Sono stato io. Ho buttato giù il Muro di Berlino. Ma anche se così fosse, le recensioni degli storici e dei pubblicisti si leggono, in ogni caso, in questo modo: "Fine della divisione tedesca", "Fine dell'ordine del dopoguerra europeo", "fine del breve ventesimo secolo", "Fine dell'epoca moderna", "Fine della Guerra Fredda", "Fine delle ideologie" e "Fine della storia" (…) La storia della caduta del Muro è la storia del mio pisello…[19]

Chi parla è Klaus Uhltzscht, il personaggio nato dalla fantasia di Thomas Brussig, che afferma di aver fatto crollare il Muro con il suo pene. Ma ciò che importa è che, finalmente, si ha una Germania e una letteratura tedesca riunificata, quella che stiamo trattando noi. In una sua intervista a Tom Kraushaar dice Jana Hensel:

… Ma a proposito della questione del ritorno all'identità nazionale: alla fine, la divisione tedesca riporta alla seconda guerra mondiale. Molti l'hanno intesa, credo, come punizione per i debiti del conflitto. Quando la divisione della Germania come evidente conseguenza della guerra fu superata, probabilmente, in molti ebbero la sensazione che la seconda guerra mondiale fosse, per davvero e definitamente, terminata. E ciò cambiò naturalmente l'identità nazionale…[20]

Quando Jana Hensel scrisse *Zonenkinder* (nomignolo attribuito ai bambini della Repubblica Democratica), non aveva intenzione, a differenza di Florian Illies, di parlare a nome di una intera generazione (quella degli abitanti dell'est, *Ossis*, che avevano

19 Thomas Brussig, *Helden wie wir*, Fischer Taschenbuch Verlag, Frankfurt am Main, 2005, pag. 6/7

20 Tom Kraushaar, *Zonenkinder – die Geschichte eines Phänomens*, Rowohlt Taschenbuch Verlag, Reinbeck bei Hamburg, 2004, pag. 108

all'incirca tra i dieci e i diciotto anni nel 1989). Il suo libro ebbe immediatamente un gran successo di pubblico. Venne acclamato anche nella Germania occidentale e nacque quel fenomeno conosciuto come *Ostalgie* ("Nostalgia dell'est" o "Estalgia").

La parola più elogiata e criticata del libro è *wir* – noi – (il soggetto narrante) che porta in se stessa il significato di *identificazione.* Ecco come una coinvolta ed entusiasta lettrice si rivolge in una lettera a Jana Hensel:

> *Quando il Muro è caduto, io avevo 13 anni, e giuro, che tutto ci andava bene, anche senza le banane*[21]*. Io mi rallegravo delle riunioni della gioventù e della mia tanto agognata camicia dei FDJ.*[22] *(...) Dunque, grazie molte per questo libro! Con i miei sempre pronti saluti, Sandra Yemesin...*[23]

Le critiche più aperte e dure contro questo *wir* sono giunte dalle generazioni precedenti, che vissero la Repubblica Democratica, non come patria, bensì come uno stato autoritario e repressivo:

> *Rostocker o Erfurter, che nel 1989 avevano soltanto qualche anno in più dell'autrice, hanno vissuto durante la svolta un mutamento più politico e la RDT non solo come patria, bensì come un sistema restrittivo: portano dei ricordi di uno stato repressivo e autoritario...*[24]

Il *wir* dei libri degli autori dei *Zonenkinder* è in antitesi all'*ich* – io – della *Golf Generation.* Il genere letterario adottato da entrambi, però, è lo stesso, i ricordi autobiografici:

> *I Zonenkinder subentrarono al posto dei libri autobiografici e al posto degli "Io descrittivi" dell'ovest, che avevano festeggiato enormi successi nella seconda metà degli anni novanta con opere così differenti come quelle di Benjamin Lebert, Judith Hermann, Benjamin von Stuckrad-Barre e Florian Illies.*[25]

Negli autori occidentali è talmente forte questo egocentrismo, questo egoismo,

21 Le banane erano il simbolo del benessere dei paesi capitalistici. Esse non erano in vendita nella DDR.

22 Tom Kraushaar, *Zonenkinder – die Geschichte eines Phänomens*, Rowohlt Taschenbuch Verlag, Reinbeck bei Hamburg, 2004, pag. 77/78

23 Ibidem, pag. 80

24 Ibidem, pag. 9

25 Ibidem, pag.13

questo *ich* che non poteva sfuggire ad un lettore attento e arguto come Florian Illies. Infatti, in un passo del suo testo, ci fa notare, che in tutti i racconti della Judith Hermann:

> *Negli stessi racconti del libro Sommerhaus, später di Judith Hermann, le cui figure della Boheme berlinese non hanno realmente niente in comune con i coetanei, che studiano giurisprudenza ad Heidelberg e Bonn, diviene chiaro, che il ruotare attorno a se stessi è l'asse portante. Soltanto un unico personaggio del libro può dire di se stesso: "In fondo non mi interesso soltanto che di me stesso". Per questo non viene capito da nessuno e finisce dal terapeuta.*[26]

Ma chi sono precisamente i *Zonenkinder* e la *Generation Golf?*

Jana Hensel aveva lavorato come lettrice e redattrice della rivista EDIT, prima di prendere la decisione: "doch das Buch, das sie immer schon lesen wollte, gab es noch nicht. Also musste sie es selbst schreiben" ("Il libro, che lei avrebbe voluto leggere, non esisteva. Allora dovette scriverlo lei stessa"). Quel fatidico mese di novembre del '89 aveva tredici anni, quando, improvvisamente, la sua patria si dissolse e di colpo cessarono tutte le attività che fin ad allora avevano costellato la sua vita quotidiana. Sembrava che la DDR non fosse mai esistita. Nessuno ne parlava più. Ci si concentrava su un nuovo tipo di realtà, il capitalismo entrò nelle loro vene socialiste. Oramai tutto ciò che aveva fatto parte della loro infanzia era scomparso definitivamente come gli *ABZ Zeitungen, Rolli, Bummi, Flitzi, Schnapp, Manne Murmelauge,* le uniformi dei pionieri etc., etc. Anche la lingua era un po'cambiata:

> *Le cose non si chiamavano più per quello che erano. Forse non erano più nemmeno le stesse. La "borsa delle vettovaglie" divenne "pacchetto per il pranzo", la "Succursale" divenne "Filiale", e "l'apriporta" del tram "desiderio del viaggiatore"...*[27]

Questi bambini si ritrovarono senza una patria, i luoghi dove erano cresciuti cambiarono talmente che portarono Hensel a dire di essere una turista nella propria terra. Essi abitavano ora in una nuova nazione, nella quale si trovavano a disagio, venivano discriminati per il modo goffo di vestire e avevano la sensazione di essere figli di genitori perdenti e proletari. Il forte bisogno di una identità e di riconoscimento si imponeva sempre di più. Interiormente si ponevano le domande: chi sono io, da

26 Florian Illies, *Generation Golf, eine Inspektion*, Fischer Taschenbuch Verlag, Frankfurt am Main, 2003, pag. 146

27 Jana Hensel, *Zonenkinder*, Rowohlt Taschenbuch Verlag, Reinbek bei Hamburg, 2004, pag. 22

dove vengo e soprattutto cosa sembro. Era la DDR realmente esistita? O era solo uno spettro?

Si può dunque affermare che i libri degli autori catalogati sotto il nome di *Zonenkinder* e lo stesso *Zonenkinder* nascono dal bisogno di colmare questa mancanza di identità. Di far rivivere i miti della propria adolescenza, di andare orgogliosi e di non vergognarsi più di cose o attività come il *Milchdienst, AG Pop-Gymnastik, Pioniernachmittag, FRÖSI, Spartakiade, Trabant, etc., etc.* Di essere fieri di parlare della propria giovinezza, senza vergognarsene, anzi di farla conoscere ed apprezzarla:

> *Sin dalla metà degli anni novanta i libri di autori della DDR come quello di Thomas Brussig Helden wie wir ("Eroi come noi") ebbero un boom di vendite, e più tardi anche film come Sonnenallee (una via berlinese) di Brussig e del regista Haußmann. E con questo film la DDR divenne pop, anche per la Generazione Golf. Lo stesso vale in un certo senso per le letture in pubblico nei locali berlinesi: si potevano ascoltare racconti divertenti di vita quotidiana della tarda DDR recitate dai giovani autori dell'est come Falko Hennig, Jakob Hein e Jochen Schmidt, davanti a un pubblico misto est-ovest…*[28]

Florian Illies scrisse, invece, il suo libro esattamente con il proposito di delineare la sua generazione, ossia tutti quelli nati tra il 1965/75. I suoi coetanei sono persone che in un certo modo stanno all'antitesi dei loro genitori. Apolitici, senza valori o ideologie, tesi al guadagno, egocentrici, superficiali. I testi dei giovani scrittori dell'Ovest, *Wessis,* narrano con un linguaggio semplice, scarno, diretto, le loro esperienze di ragazzi, il loro divenire adulti, le loro amicizie, le loro speranze, i piccoli e grandi problemi di tutti giorni, i loro viaggi, l'importanza della musica. Al centro dei loro racconti vi è l'*ich* (l'io); tutto è rapportato a se stessi. *Golf Generation* non è un romanzo, l'autore stila un vero e proprio elenco di cose, persone, avvenimenti che hanno caratterizzato gli anni '80 (gli anni che hanno formato culturalmente i futuri scrittori *Thirty-somethings* – di trent'anni e qualcosa –, i loro *Bildungsjahre* – i loro anni formativi –), con lo scopo sempre di metterne in evidenza la superficialità e il ridicolo:

> *Tra le donne vi era un gruppetto che portava con sé una borsa a tracolla, fatta di uno strano lavoro d'intreccio, alla cui bretella attaccavano una spilla azzurro-chiaro con la scritta "pace". Il più delle volte le ragazze con simili borse andavano di pomeriggio all'Ambiente AG o*

28 Ibidem, pag. 68/69.

curavano in qualche luogo un cavallo.[29]

Oggetti caratteristici erano *Commodore 64, Adidas-Allround-Turnschuhe, Nickis, Yucca Palme,* i poster di Pierrot o Kim Wild, si ascoltavano gli LP di Purple Schultz e Klaus Lage, ci si soffermava davanti al televisore per guardare le trasmissioni di Thomas Gottschalk o Falcon Crest, o cartoni come gli *Schlumpfe* (i puffi), tra le bambine erano diffuse le bambole *Monchichi* e particolarmente ammirate erano "quelle ragazze, che padroneggiavano quel tipo di scrittura gonfiata, con la quale disegnavano lettere ingrossate, che si spingevano tra di loro come nuvole". Era anche il periodo delle riviste patinate per uomini che volevano avere un fisico prestante e che spulciavano le cosiddette "Waschbrettbauch-sofort-Zeitungen" (giornali per ottenere immediatamente uno stomaco piatto) e per donne che desideravano essere sempre belle esteriormente:

Poichè gli uomini improvvisamente ebbero Men's Health, anche le donne vollero qualcosa per giocare. Ottennero Allegra e Amica (...) Allegra è in bianco e nero e sorprendentemente buona (...) Amica è la variante per le stronzette...[30]

Erano gli anni dei seguiti cinematografici *Rambo I, La Storia Infinita II, Ritorno al Futuro III, Il Ritorno dello Jeti IV* e degli esperimenti linguistici come "Stück ma'n Rück" e "Zum Bleistift"[31], erano divenute espressioni comuni. E non poteva certo non essere colpa dell'acqua di marca se i giovani venivano distratti da argomenti seri come la politica:

Poi imparammo dagli italiani non semplicemente ad ordinare acqua con il vino, ma decisamente San Pellegrino. È così che la nostra generazione ancora non ha nessuna idea su Gerhard Schröder, bensì dell'acqua...[32]

Un libro interessante, di cui parlerò brevemente perché riguarda la tematica che

29 Florian Illies, *Generation Golf, eine Inspektion*, Fischer Taschenbuch Verlag, Frankfurt am Main, 2003, pag. 14

30 Ibidem, pag. 95

31 Giochi di parola in tedesco, intraducibili. Esse sono frasi tipiche degli anni '80, così come le abbiamo avute noi in Italia: ad esempio, nella mia regione in Calabria, si utilizzava spesso l'espressione "porcheggiare" per "parcheggiare". Oppure quando si riaccompagnava a casa la propria ragazza si diceva: "vado a conservare la mia ragazza a casa".

32 Florian Illies, *Generation Golf, eine Inspektion*, Fischer Taschenbuch Verlag, Frankfurt am Main, 2003, pag. pag. 153

stiamo trattando, è quello pubblicato nel 2004, *Aufgewacht. Mauer weg* ("Ci siamo svegliati, il Muro non c'è più") di Susanne Leinemann, la quale attraverso la sua storia d'amore per un ragazzo dell'est ci narra degli anni prima, durante e dopo la caduta del Muro. L'autrice cerca di cogliere le differenze tra i *Zonenkinder* e la *Generation Golf* e i loro punti in comune, che non sono pochi. Ci spiega di come durante la sua giovinezza trascorsa a Bonn, abbia vissuto la caduta degli ideali politici della sua generazione, che più che fare la storia, la seguono, si lasciano trascinare dagli eventi, occupandosi solo degli aspetti più pratici della vita ("L'aggressiva leggerezza dell'essere; io do gas, io voglio divertimento"):

> *La generazione della Wehrmacht (le forze armate tedesche nel periodo dal 1931 al 1945), i bambini della guerra, i bambini del dopo guerra, i bambini del '68, i bambini dei funzionari degli anni '70. Noi eravamo, invece, descritti come i mocciosi dei giocattoli, come spettatori televisivi e bevitori di Coca Cola (…) ci si sedeva nella sala d'attesa della storia…*[33]

Questo è il particolare motivo per cui essi (i *Wessis*) non si interessarono per i loro "fratelli, che vivevano dall'altra parte", anzi alla domanda: "E' la DDR parte della Germania o uno stato estero?", risultò che più del 50% degli intervistati risposero: "L'estero". Susanne, da adolescente, l'aveva già visitata per un breve periodo assieme a sua madre e ne rimase affascinata. E restò contagiata anzitempo dall'*Ostalgie*. Passò più volte la frontiera e dentro di sé urlò la rabbia perché il Muro non era ancora crollato. I giovani, così materialisti, avevano perso qualsiasi interesse per un argomento che era stato reso troppo teorico, eliminandone qualsiasi questione di cuore:

> *La questione tedesca-tedesca (viene così nominata per le due differenti realtà tedesche) non era più una faccenda di cuore come ai tempi di Kurt Schumacher, bensì di teste – e chi si adattava meglio ad un lavoro intellettuale se non di accademici, politici, autori, giornalisti. Ci descrivevano imparzialmente e con scarso entusiasmo…*[34]

E i ragazzi dell'est erano poi così differenti da quelli della Susanne Leinemann? Avevano prospettive, desideri dissimili? Secondo un'intervista pare proprio di no, indifferenza, apoliticità, mancanza di ideologie e voglia di beni materiali, li

33 Susanne Leinemann, *Aufgewacht. Mauer weg*, Bastei Lübbe Tascenbücher, Stuttgart München, 2004, pag. 38/39

34 Ibidem, pag. 21

caratterizzavano:

Ecco la classifica dei primi dieci posti tra i ragazzi dell'est: un bell'appartamento, una cerchia di amici, amore e sesso, moda e lusso, viaggiare, sperimentare qualcosa di folle, spontaneità, possesso di un auto, cura della bellezza, prestigio sociale. I grandi perdenti nella lista erano: interesse all'attività politica, disponibilità, sottomettersi a decisioni collettive e credo nel Marxismo-Leninismo…[35]

Ironia della sorte fu questa assenza di interessi politici, questa indifferenza che sconfisse la resistenza della dittatura:

Ciononostante la gioventù della DDR non sembrava essere furiosa contro il suo Stato. No, era molto peggio: era sempre più indifferente (…) con una generazione, per la quale tutto è uguale, non si possono avere colloqui seri. Con loro non si poteva creativamente dare un aspetto al socialismo…[36]

Infatti i venti di cambiamento provenienti dalla Russia di Gorbaciov non "soffiarono" sul suolo della Repubblica Democratica Tedesca. Honeker e la SED continuarono a mantenere una linea dura, "Vi sentireste obbligati a tappezzare il vostro appartamento, se lo facesse il vostro vicino?", dichiarò Kurt Hager nell'aprile del 1987 ad un'intervista allo *Stern.*

Furono i giovani che attraversarono le frontiere austro-ungariche, spinti dalla banale voglia di consumo, che convinsero i loro padri a creare una protesta all'interno della loro nazione:

Chi allora, nell'estate del 1989, tagliò la corda era giovane: uno su due era sotto i 25 anni, il 70 percento non aveva ancora raggiunto il 30esimo anno, il 90 percento era sotto i quaranta. Che cosa avevano da perdere? Non certamente "la mia auto, la mia casa, mia moglie"…[37]

E cosa rimase da fare ai loro genitori se non:

Solo allora si risvegliò la generazione dei genitori – e iniziò in un inaspettato ampio numero

35 Ibidem, pag. 89

36 Ibidem, pag. 108

37 Ibidem, pag. 122

di partecipanti a mobilizzarsi per dimostrare, per pretendere (...) Era semplice: nostro figlio Tobias, che aveva appena compiuto 18 anni, ci aveva comunicato che adesso voleva lasciare questa DDR...[38]

Ed ecco che la storia si prese gioco dei tedeschi:

Ironia della storia: i nostri predecessori vollero con tutta la forza nient'altro che la rivoluzione planetaria e hanno fallito miseramente. Noi avevamo preso coscienza di non poter mai cambiare il mondo – e lo abbiamo però fatto...[39]

Dunque sia i ragazzi della *Golf Generation* che gli *Zonenkinder* sono cresciuti in due sistemi differenti, che però, in un modo o nell'altro, li hanno portati a ripudiare i loro padri, le loro ideologie, le loro convinzioni politiche, i loro valori, per adottare un tipo di vita votato agli aspetti più pratici. Avere una *Golf*, una casa, degli amici, degli amori, ascoltare musica, organizzare feste, qualche volta potersi permettere un viaggio.

E allora hanno impugnato una penna e ci hanno raccontato di tutto questo, con uno stile che si addice al loro tempo, semplice, asciutto, diretto senza dotte e pretenziose espressioni letterarie, che cerca di coinvolgere il cuore e i sentimenti dei lettori.

Gli autori dell'ex Repubblica Democratica Tedesca, però, hanno utilizzato come voce narrante il *wir* (noi), per il forte bisogno di avere un'identità, di ricostruire quella loro *Heimat* (patria) che li univa e ora non esiste più, dove hanno vissuto le loro esperienze da ragazzi in modo collettivistico e non individualistico ed egoistico dei loro coetanei occidentali.

Adesso parlerò brevemente di alcuni libri della *Golf Generation* e dei *Zohnenkinder,* che sono ambientati a Berlino.

Junge Talente è il felice debutto di André Kubiczec, che ci narra di Less, un ragazzo che decide di trasferirsi da un paesino di provincia nella Berlino est degli ultimi anni prima della caduta del Muro. Egli abiterà a *Prenzlauer Berg,* quartiere di poeti, scrittori, pittori, musicisti ma anche di Punks e Dandies. Vivrà le sue amicizie, le feste, e la perdita della verginità con la bella e gioiosa Dani. Kubiczec riesce a darci uno spaccato di quei giorni e a trasmetterci l'atmosfera confusa, eccitante, elettrizzante degli ultimi anni della Repubblica Democratica Tedesca.

38 Ibidem, pag. 136

39 Ibidem, pag. 237

Denn wir sind anders è basato su una storia vera. Jana Simon con un linguaggio asciutto e diretto porta l'attenzione del lettore ai primi anni della Berlino riunificata. E precisamente ai suoi bassifondi, dove Alex è cresciuto. Costantemente preso in giro per il colore della sua pelle (è di origini africane), imparerà sin dalla sua tenera età l'arte della Kickbox. Divenuto adulto la utilizzerà per fare il buttafuori nei locali notturni, picchiare i tifosi della squadra di calcio avversaria della BFC. Aprirà anche un bordello. Alex farà parte di quella che veniva definita come Szene ("Scena"), che era la vita violenta e degradata di tutti quei ragazzi dell'ex Berlino est degli anni '90: ragazzi che volevano girare con macchine lussuose, donne bellissime e un mucchio di soldi in tasca senza però guadagnarseli onestamente. Egli commetterà suicidio in carcere.

Der BFC war schuld am Mauerbau è una raccolta di un "fiero figlio del proletariato intellettuale". L'autore Andreas Gläser è nato e cresciuto a *Prenzlauer Berg* e ha lavorato sin da giovane come operaio, fin quando non decise di partecipare alle letture della *Reformbühne Heim und Welt* e dei *Surfpoeten.* Nelle sue narrazioni ci descrive la vita giornaliera nell'ex capitale della DDR e nella poi riunificata Berlino. La sua gioventù la trascorre da giovane pioniere e come fan della squadra di calcio FC Dynamo della sua città.

Blühende Landschaften – eine Heimatkunde è il romanzo autobiografico di Peter Richter, il quale subito dopo la caduta del Muro si trasferisce da Dresda ad Amburgo, "un peregrinare comprensibile dall'est all'ovest e di nuovo nell'est, dove oggi le città si rimpiccioliscono e le fiere medievali prosperano. Questo termina, naturalmente, a Berlino – il laboratorio della divisione".

Mein erstes T-Shirt di Jakob Hein è un resoconto della vita quotidiana di un ragazzo nella DDR, la sua prima T-shirt, la voglia di prodotti occidentali, come la Coca Cola, la televisione etc., il primo amore che terminerà bruscamente a causa del Muro.

Falko Hennig, uno degli scrittori e organizzatori, ha edito un libro intitolato *Volle Pulle Leben,* un'antologia dove sono raccolti i racconti migliori di dieci anni di attività. In essa vi sono sia scrittori della *Golf Generation* che dei *Zonenkinder.* Anche Judith Hermann è presente con un suo racconto inedito: *Das besteht doch alles aus Silicium.*

Per concludere, vorrei brevemente accennare ad uno scrittore russo che ha influito favorevolmente sulla letteratura tedesca degli anni '90 e inizi del 2000; Wladmir Kaminer nel suo *Russendisko* ci narra, con umore, la vita quotidiana di tutti quegli emigrati russi e non solo che dopo la caduta del Muro si sono recati a Berlino con la speranza di rifarsi una vita:

Io debbo dare ragione al mio vecchio redattore, siamo in tanti, soprattutto a Berlino. Ogni giorno, vedo russi per strada, nella metropolitana, nei locali notturni. Una delle cassiere del supermercato, dove io faccio la spesa, è russa. Anche nel salone da parrucchiere se ne trova una. Così come la commessa nel negozio di fiori è russa...[40]

APPENDICE GENERATION GOLF E ZONENKINDER

ZONENKINDER

Riporto qui le spiegazioni di alcuni oggetti, personaggi, canzoni, etc., dei Zonenkinder presenti nel capitolo "Generation Golf e Zonenkinder"; e ne aggiungo anche un altro paio:

- ABC Zeitung ("Il giornale dell'ABC"): durante i loro primi anni scolastici, i bambini della RDT, venivano educati a leggere il "ABC Zeitung", le cui figure più importanti erano Rolli, Flitzi, Schnapp, Manne Murmelauge.
- Bummi: l'orso Bummi è un'altra figura leggendaria tra i bambini della Repubblica Democratica Tedesca. Il suo compito è quello di fare gli auguri ai piccini che compiono il compleanno. Amici di Bummi sono Mischka dell'Unione Sovietica, Maxl, Stephan e Püppchen Ruth. Maxl combina sempre guai e Bummi corre in suo aiuto.
- FRÖSI: la rivista più famosa dei pionieri. La parola "FRÖSI" è l'abbreviazione di "Fröhlich sein und singen" ("Essere felici e cantare"), che era anche il motto di tutta la gioventù socialista tedesca. E a proposito di canzoni, ecco un breve elenco, tra le più famose, con le quali sono diventate adulte numerose generazioni:

1. "Wenn Mutti zur Arbeit geht" ("Quando tua madre va a lavoro")
2. "Bummilied" ("La canzone di Bummi")
3. "Über allen strahlt die Sonne" ("Dappertutto splende il sole")
4. "Unsere Heimat" ("La mia patria")

I temi preferiti delle canzoni erano la scuola, la patria, la natura, la vita quotidiana e le gesta dei pionieri.

- "Unsere Heimat"

...Unsere Heimat, das sind nicht nur die Städte und Dörfer

40 Wladmir Kaminer, *Russendisko*, Goldmann Verlag, München, 2002, pag. 18

Unsere Heimat sind auch all die Bäume im Wald
Unsere Heimat ist das Gras auf der Wiese, das Korn auf dem Feld
Und die Vögel in der Luft und Tiere der Erde
Und die Fische im Fluß sind die Heimat
Und wir lieben die Heimat die Schöne
Und wir schützen sie, weil sie dem Volke gehört
Weil sie unserem Volke gehört...
("La nostra patria.
...La nostra patria non è soltanto città e paesi
La nostra patria è anche l'erba sul prato, il grano del campo
E gli uccelli nell'aria e gli animali della terra
E i pesci nel fiume sono la nostra patria
E noi amiamo la nostra bella patria
E la proteggiamo, perché appartiene al popolo
Al nostro popolo...")

- Milchdienst: Famoso era il servizio del ritiro del latte effettuato dagli studenti.
- AG Popgymnastik: esercizi ritmici a tempo di musica, comparabili alla danza jazz.
- Pioniernachmittag: riunione pomeridiana dei pionieri.
- Spartakiade: competizione sportiva per bambini e ragazzi delle scuole. L'avvenimento principale era la festa dei giochi sportivi a Leipzig.

GENERATION GOLF

Ho già citato, nel capitolo "Generation Golf e Zonenkinder" alcuni oggetti, persone, film, etc. che hanno fatto la storia degli anni '80 e che più o meno sono identici o quasi ai ragazzi dei paesi occidentali. Ecco un breve ampliamento della lista:

- Il giornaletto "Bravo" e i mitici poster al suo interno.
- Moda: Calvin Klein, Dolce e Gabbana, Fruit of the Loom, Best Company, le cinture Gucci, United Colors of Benetton, Chevignon, Levis.
- Il fenomeno del Walkman e di MTV e l'importanza della musica: Tom Waits, Oasis, Xavier Naidoo, Michael Jackson, Dieter Thomas Kuhn.
- Oggetti come gli orologi digitali, il Gameboy, lo stereo e l'adesivo della Kenwood (che veniva attaccato nella parte posteriore della macchina).
- Trasmissioni televisive come Dallas o film come "Pretty Woman" con Richard

Gere e Julia Roberts. Frasi di attori anni '50 come quella di James Dean: "Nun zu uns, Schätzchen" ("Adesso a noi bambola"). Naturalmente non si può dimenticare Gorbatschow e Lady Diana.

- Un nuovo tipo di ragazze: "Queste ragazze erano tutte come Madonna, la mitica: sentimentali ma allo stesso tempo egoiste, sexy e naturalmente molto furbe. Dunque effettivamente poco rassicuranti. *Perché sono una ragazza*, cantava Lucilectric. E si potrebbe concludere: mi posso permettere tutto. Chi andava a trovare queste ragazze negli anni novanta, poteva scorgere sul loro comodino i libri: *Volevo i pantaloni* oppure *Le brave ragazze vanno in paradiso*, le cattive dappertutto..."[41]

Ritratto di Florian Illies durante il festival di letteratura internazionale 2019 a Berlino.

41 Florian Illies, *Generation Golf, eine Inspektion*, Fischer Taschenbuch Verlag, Frankfurt am Main, 2003, pag. 172

In alto a destra: Sony Walkman TPS-L2 - Autore: Binarysequence / / CC BY-SA 4.0 -https://commons.wikimedia.org/wiki/File:Original_Sony_Walkman_TPS-L2.JPG

In alto a sinitrsa: Men's Health. Autore: i proprietari della rivista / / GNU Free Documentation License

In basso: Tre tipiche cassette: metal, chrome e normal. Fotografo: Malcolm Tyrrell / / CC BY-SA 3.0 - https://commons.wikimedia.org/wiki/File:CassetteTypes1.jpg

Thomas Gottschalk e Wetten, dass..?

A sinistra: Thomas Gottschalk.
La foto è stata scattata il 19 aprile 2017 dall'autore del libro in occasione del 75° compleanno di Frank Elstner, ideatore del programma *Wetten, dass..?*
Sotto: Commodore 64 con floppy disk. Autore: PrixeH / / CC BY-SA 3.0
https://commons.wikimedia.org/wiki/File:Commodore64withdisk.jpg

Pagine dedicate a cose e a persone che hanno marcato la gioventù della Generazione Golf

I Zonenkinder

Anche i bambini e i ragazzi della DDR, hanno avuto attività, oggetti e persone che hanno costellato la loro vita quotidiana.

Qui immagini di oggetti ritrovati al mercatino delle pulci, tra cui le riviste *ABC Zeitung* e *Mosaik*, e la tessera dei Pionieri.

Le persone della DDR non potevano viaggiare nei Paesi occidentali. Le vacanze però erano una tradizione e vi era la possibilità di visitare le nazioni del Blocco sovietico. A sinistra: pagina di un diario fotografico e di collage di immagini, come ad esempio scontrini e ritagli di giornali di una coppia.

A destra: la carta d'identità della DDR del 1990 poco prima della riunificazione, il passaporto, la tessera della Libera Gioventù Tedesca e delle tipiche medaglie.

Cinematografia berlinese

In passato moltissimi registi hanno subito il fascino di Berlino ed essa ha funto da scenario nelle loro pellicole. Un vero e proprio mito di questa città è nato negli anni '20 quando divenne il luogo di sperimentazione delle avanguardie artistiche e ne fu oggetto d'arte. Tutte quelle caratteristiche tipiche di una metropoli, il traffico, le strade affollate, le luci, i ritrovi notturni, la metropolitana entrarono nell'immaginario collettivo. Da allora essa non è sfuggita agli occhi indiscreti delle telecamere sia nella Repubblica di Weimar che come capitale durante il nazismo o nella ricostruzione del dopoguerra o da città divisa in due, simbolo di due sistemi politici differenti.

Dopo la caduta del Muro si è accresciuto ancora di più l'interesse verso Berlino, che è il punto centrale dei nuovi film in Germania e assicura sempre una folta presenza di pubblico:

Berlino, la ristrutturata e ammodernata metropoli tedesca, è finita sotto le luci dei riflettori. Nel 1999 vennero proiettati nei cinema tedeschi 60-80 lungometraggi, un quarto in più dei due anni precedenti messi assieme. Circa un decimo di essi, che aveva come scenario Berlino, ha avuto, più o meno, grandi incassi al botteghino.[42]

La cinematografia, come le altre arti, ci dà testimonianza della propria società e del proprio tempo, anche se con mezzi espressivi differenti, esattamente come ci spiega Guntram Vogt con questa frase:

Visivamente – e lì sta la fondamentale differenza con la letteratura…[43]

E i numerosissimi film girati a Berlino, nel corso di un secolo, ci offrono preziosissime immagini del suo passato. Ad esempio in *Die arme Jenny* (1912) – La povera Jenny – si possono cogliere le prime trasformazioni moderne della città:

A paragone con oggi, si vede poco traffico, per questo attraggono le singole auto e un autobus con il piano superiore scoperto rispetto al resto della trama.[44]

42 Jahn Schulz-Ojala: *Deutsche Filme 1999. Neues Spiel, neues Pech.* In: Der Tagesspiel (Berlin) vom 27. 12. 1999

43 Guntram Vogt, *Die Stadt im Film. Deutsche Spielfilme 1900-2000*, Schüren Pressverlag, Marburg, 2001, pag. 31

44 Ibidem, pag. 19

Attraverso la visione di *Berlin. Die Sinfonie der Großstadt* ("Berlino. Sinfonia di una metropoli"), *Der Himmel über Berlin* ("Il cielo sopra Berlino") e *Berlin Babylon* ("Berlino Babilonia"), si ha la possibilità di notare i cambiamenti architettonici di Potsdamer Platz intorno al 1930, dopo la sua distruzione nel 1946 e durante la sua ricostruzione nel 1999. Nel libro di Guntram Vogt, viene citato un dialogo di *Der Himmel über Berlin:*

Io non posso trovare più Potsdamer Platz!... Non è possibile... Non può essere vero! Potsdamer Platz, qui c'era il Café Josti (...) Questa non può essere Potsdamer Platz, no! (...) Era la mia piazza favorita![45]

Noi invece, grazie alla preziosissima presenza di uno dei media più importanti dei nostri tempi abbiamo la capacità di rivedere la Potsdamer Platz con il suo Café Josti. La cinematografia degli anni '90 e i primi del 2000, ci aiuta a costruire i tratti fondamentali della ritrovata capitale e, come già dimostrato in paragrafi precedenti, vi sono alcuni aspetti che si rinnovano, si ripetono con il passare del tempo, come ad esempio, la folta presenza di stranieri, che danno alla metropoli un volto specifico (alcuni l'hanno paragonata ad una America in miniatura):

In uno dei film tratti dalla serie TV-SPERLING, un agente di polizia, con uno sguardo sopra i tetti di Berlino, richiama l'attenzione su determinate delimitazioni ed emarginazioni nella città – lì l'area degli albanesi, lì quella dei croati, lì quella dei curdi...[46]

Questo passaggio non differisce di molto dai ricordi dello scrittore danese Martin Andersen Nexö (del 1914):

Attorno alla Savignyplatz, nel 1914, abitavano migliaia di giapponesi (la maggior parte studenti); a Rixdorf e nella parte nord un altro migliaia di scandinavi, per lo più operai. Politici, speculatori, musicisti, giornalisti e avventurieri di tutto il mondo, formavano la fiumana di gente lungo la Friedrichstraße e riempivano ristoranti e caffè (...) Il berlinese era difficile da scovare; esisteva realmente?[47]

45 Ibidem, pag. 13

46 Ibidem, pag 757

47 Martin Adersen Nexö: *Berlin.* Brano inserito in: *Berlin Begegnungen – Ausländische Künstler in Berlin 1918 bis 1933*, Dietz Verlag, Berlin, 1987, pag. 23/24

E già allora, questi stranieri avevano percepito quella particolare caratteristica di Berlino, che la contraddistinguerà da tutte le altre capitali mondiali:

Per gli stranieri, che nei due decenni prima della guerra venivano a Berlino regolarmente, ogni visita era una sorpresa. Di anno in anno si doveva rivedere l'immagine della città, così follemente rapida era la velocità con cui si sviluppava sia internamente che esternamente...[48]

La tematica cinematografica dagli anni '90 in poi che però io vorrei trattare in questo paragrafo è quella che si rifà alla corrente letteraria della *Golf Generation* e dei *Zonenkinder*. Infatti moltissime sceneggiature si basano su libri di successo attinenti a questo genere. Questo è un breve elenco dei film più famosi:

- *Das Leben ist eine Baustelle,* Regia: Wolfgang Becker, 1997 ("La vita è un cantiere")

- *Lola rennt,* Regia: Tom Tykwer, 1998 ("Lola corre")

- *Sonnenallee,* Regia: Leander Haußmann, 1999 ("Sonnenallee" - una di quelle vie a Berlino che veniva divisa in due dal Muro.)

- *Die Unberührbare,* Regia: Oskar Roehler, 2000 ("L'intoccabile")

- *Berlin is in Germany,* Regia: Hannes Stöhr, 2001 ("Berlino è in Germania")

- *Der Zimmerspringbrunnen*, Regia: Peter Timm, 2001 ("La fontana a zampillo da camera)

- *Good Bye Lenin!,* Regia: Wolfgang Becker, 2003 ("Addio Lenin!")

- *Herr Lehmann,* Regia: Leander Haußmann, 2003 ("Il signor Lehmann")

- *Liegen lernen,* Regia: Hendrik Handloegten, 2003 ("Imparare a distendersi")

Farò un piccolo resoconto di alcuni di essi. Gli avvenimenti più importanti di Berlino (ad esempio la caduta del Muro) non vengono trattati direttamente, ma

48 Ibidem, pag. 12

fungono da sfondo a storie quotidiane di privati cittadini.

In *Liegen lernen* (adattazione dall'omonimo bestseller di Frank Goosen) dietro la domanda: "Dov'eri il 9 novembre del 1989?", e la risposta spontanea, anche quando non vera: "Ero lì a Berlino sul Muro presso la Porta di Brandenburgo", c'è la storia tipica di un ragazzo appartenente ai *Thirty-something* (Trenta e qualcosa) della *Generation Golf*. La voce del protagonista (che si autodefinisce "Penner" – "Balordo" – e "Feiger" – "Vigliacco" –) ci narra come un ragazzetto di provincia sia arrivato ai suoi trent'anni attraverso le sue esperienze di letto (per questo il titolo "Liegen lernen" – "Imparare a distendersi"), che non vuole accettare di non essere più un adolescente incapace di accollarsi qualsiasi responsabilità. È un uomo che si lascia trasportare dagli eventi, con nessun tipo di interesse politico. Messo però alle strette dalla sua attuale ragazza decisa a sposarsi e ad avere un figlio, alla fine cederà. La musica è sempre presente nel film e ci accompagna nei momenti più importanti.

Herr Lehmann (dall'omonimo bestseller di Sven Regener) è la storia di un genio dei discorsi senza senso, del consumo di birra e delle serate tra i vari pub di Berlino. Egli lavora dietro il bancone di un locale notturno e si adira perché tutti i suoi amici e conoscenti si ostinano con questa stupida combinazione tra "Herr" - "Signore" - e "Lehmann" - è un cognome - (per questo il titolo "Herr Lehmann" – "Signor Lehmann"). La sua vita appare costellata di avvenimenti superficiali come l'infatuazione per la bella cuoca Katrin, le avventure con il suo amico Karl, l'imprevisto di un cane minaccioso che gli va incontro (a cui farà bere dell'alcool per renderlo inoffensivo) e la visita dei suoi genitori (a cui racconterà di essere un gestore di successo di un ristorante). Il film si chiude con Herr Lehmann, che passa attraverso il Muro il 9 Novembre del 1989, giorno in cui egli compie trent'anni.

Sonnenallee è basato sul libro *Am kürzeren Ende der Sonnenallee* ("Nella parte più corta di Sonnenallee) di Brussig, uno degli scrittori di maggior successo degli ultimi anni. Esso racconta la giovinezza di un gruppo di ragazzi nella DDR degli anni '70. Il narratore è Micha, che vive nella Sonnenallee, "deren längeres Ende im Westen und deren kürzeres Ende im Osten liegt" ("la cui parte più lunga si trova nell'ovest e la più corta nell'est"). Lui ha lo scopo di divenire pop star. I suoi giorni trascorrono fra i tentativi di conquista della sua ragazza dei sogni, "die unbeschreibliche, sagenhafte, unerreichbare Miriam" ("l'indescrivibile, favolosa, irraggiungibile Miriam") e la caccia, assieme ai suoi amici, ai dischi di contrabbando di gruppi come i Beatles o i Rolling Stones, alla ricerca delle prime sbornie, droghe, esperienze sessuali. Ad una festa egli e il suo miglior compagno, Mario, urineranno sul suolo antifascista della

Repubblica Democratica Tedesca e saranno espulsi dalla scuola, perché un anonimo aveva scattato una foto dell'atto indecente e l'aveva spedita ad un giornale. Personaggi interessanti sono suo zio Heinz, un "Besserwisser" ("Saccente") e "Schmuggler" ("Contrabbandiere"), che di nascosto porta caffé e calze di Nylon dal dorato Ovest, e il poliziotto che tenta di fare carriera. Ciò che non sfugge è che lo sguardo di tutti i protagonisti volge "jenseits der Mauer" ("Al di là del Muro"). Il finale un po' fantasioso fa riferimento a quell'avvenimento storico futuro della caduta del Muro. Guidati dalla musica, gli abitanti della Sonnenallee si dirigeranno verso il posto di confine senza subire la reazione dei poliziotti. Brussig ci ha regalato uno spaccato della vita quotidiana della DDR, a volte giudicato troppo fantasioso dalla critica. Ma io concordo in pieno su ciò che viene affermato in questa passaggio:

> *Forse sia il libro che il film di Brussig sono molto più realistici di quanto non sembrino e dichiarino di essere. Infatti documentano quella fase della storia della DDR – dalla presa di potere di Honeker e delle sue dichiarazioni all'VIII congresso della SED del 1971 fino alla privazione della cittadinanza di Wolf Biermann (1976) – che fu contrassegnata da una moderata liberalizzazione in campo culturale e del costume e che la sceneggiatura scritta da Plenzdorf per l'adattamento cinematografico del suo libro, Die neuen Leiden des jungen W. (I nuovi dolori del giovane W., 1976) ben commenta con la "lode ai jeans".*[49]

Le ultime parole di Micha e che rispecchiano il fenomeno della *Ostalgie* dei *Zonenkinder* sono: „Es war einmal ein Land und ich habe dort gelebt und wenn jemand mich fragt wie es war, es war die schönste Zeit meines Lebens, denn ich war jung und verliebt". ("C'era una volta una nazione e io vi ho vissuto e se qualcuno mi chiedesse come fosse, è stato il periodo più bello della mia vita, perché ero giovane e innamorato".)

"Ich liebe meine Heimat, die Deutsche Demokratische Republik" ("Io amo la mia patria, la Repubblica Democratica Tedesca"), così si esprime il nuovo rappresentante di Berlino est di *Zimmerspringbrunnen* (Titolo del film, tratto dall'omonimo romanzo di successo di Jens Sparschuh) di fronte ad una incredula cameriera in un bar dopo una conferenza tenutasi a Colonia. Il protagonista è uno di quei tanti berlinesi dell'est che si ritrova tradito, ferito e confuso per la scomparsa della sua nazione. Egli vive in un tipico appartamento della DDR (i cosiddetti *Plattenbauten* – "Edifici Piatti") con sua moglie, architetta impegnata nella costruzione della nuova Potsdamer Platz. Ella

49 Articolo di Elena Agazzi, *Un posto al sole all'ombra del Muro – Leander Haußmann* (1999), p.p. 520/538, in: *Da Caligari a Good Bye, Lenin! – Storia e cinema in Germania*, a cura di Matteo Galli, Le Lettere, Firenze, 2004, pag. 530

lo abbandonerà a causa di mancanza di adattamento del marito alla nuova situazione. Egli, dal canto suo, l'accuserà di essere divenuta una di quelle donne arriviste tipiche del mondo capitalistico occidentale. Sullo sfondo abbiamo quasi sempre la torre della televisione che diventerà protagonista e simbolo del film.

Concludo parlando di un altro di quei film che si possono inserire nel filone letterario/cinematografico dei *Zonenkinder, Good Bye Lenin:*

> *I personaggi dei film sulla "nuova epoca" della DDR, che è poi quella di trapasso a Germania unificata, sono accomunati da un'unica e inconfondibile caratteristica che è la loro straordinaria mediocrità (ma anche esemplarità: Durchschnittlichkeit) che fa di essi, da Alex di Good Bye, Lenin! al protagonista di Sonnenallee e a tutti i ragazzi dell'Est, i cosiddetti Zonenkinder, dei veri e propri "eroi come noi" alla Brussig anche se, a ben guardare, non esiste continuità, semmai contiguità, con i protagonisti della precedente filmografia tedesco-orientale.*[50]

Good Bye Lenin! è forse il film dove si può percepire maggiormente la *Ostalgie*. La madre di Max, donna ben inserita nel sistema socialista, scrive lettere di lamentele, per conto di altre persone, al Partito, per esporre il loro caso e cercare di trovare una soluzione. Ella sverrà e cadrà in coma dopo aver sorpreso il figlio ad una dimostrazione contro la dittatura della SED (le persone scandivano per le strade di Berlino la frase: più libertà). Quando, dopo alcuni mesi, recupererà i sensi, i medici consiglieranno di non farle vivere emozioni molto forti, che potrebbero causarne la morte, ma nel frattempo il Muro era crollato!!! Il Marco era la moneta unica, la Germania aveva vinto il mondiale di calcio.Ecco come la voce fuori campo di Alex descrive quei giorni a Berlino:

> *Il vento del cambiamento soffiò fin nelle rovine della nostra Repubblica. L'estate giunse e Berlino era il più bel posto della terra. Avevamo la sensazione di stare al centro del modo. Lì dove finalmente qualcosa si muoveva. E noi ci muovevamo con essa. Il futuro, incerto, era nelle nostre mani. Incerto e pieno di speranze…*[51]

Questa breve battuta del film, descrive esattamente la Berlino di Judith Hermann, la Berlino dei suoi racconti, e ci aiuta ancora di più ad inserire la scrittrice in un determinato contesto storico/letterario e dunque a capir meglio i suoi libri. Infatti

50 Articolo di Luca Renzi, *DDR in un interno – Wolfgang Becker, Goodbye, Lenin!* (2003), p.p. 559/576, in: *Da Caligari a Good Bye, Lenin! – Storia e cinema in Germania*, a cura di Matteo Galli, Le Lettere, Firenze, 2004, pag. 573

51 Da: *Good Bye Lenin!,* Regie: Wolfgang Becker, 2003

lei stessa aveva dichiarato nella mia intervista:

> *Io ho scritto qualcosa del mio divenire adulta, tra gli anni 1990-1996 a Berlino... La caduta del Muro giunge nelle mie storie; ci fu una precisa atmosfera, un'atmosfera di cambiamento, un'euforia e una superficie vuota. Ci furono molte possibilità e molte domande aperte. Che cosa ne sarà della nuova Germania riunita? Come diventerà Berlino?...*

Max porterà sua madre nella sua stanza, tentando di evitarle qualsiasi contatto con il mondo esterno. È così che in questa camera ricostruirà il mondo passato della DDR. Egli riuscirà con un po' di fortuna a trovare quei prodotti socialisti non più in vendita, sostituiti oramai da quelli capitalistici: sottaceti *Spreewald, Moca Fix, pane Fillnichen, Kadarka Rosenthal,* piselli *Globus.* Sembrava che tutte le persone avessero rimosso completamente qualsiasi ricordo del loro passato. Come se Honeker e la Stasi non fossero mai esistiti. Ci penseranno Max e sua madre in *Good Bye, Lenin!,* Micha in *Sonnenallee,* il protagonista di *Zimmerspringbrunnen* e tutti gli altri protagonisti di pellicole di questo genere a farli rivivere.

L'attore Fabian Busch, protagonista del film *Liegen lernen*

Sopra: Daniel Brühl. Sotto: Florian Lukas, attori del film *Good Bye, Lenin!*

Sopra: Maria Simon. Sotto: Alexander Beyer, attori del film *Good Bye, Lenin!*

Sopra: Tom Tykwer, regista di *Lola rennt* (Lola corre). Sotto: Susanne Bormann, attrice in *Liegen lernen*

Judith Hermann

Era uno degl'ultimi giorni del mio soggiorno in Germania come studente Erasmus. Mi aggiravo nella più grande libreria di Bonn, quando la mia attenzione cadde su un libro messo bene in evidenza. "Una nuova scrittrice di successo: Judith Hermann", diceva il cartellone pubblicitario. Il titolo era *Sommerhaus, später* ("Casa estiva, più tardi").

L'autrice, a ventotto anni, aveva cambiato tre volte facoltà. Si era iscritta al Conservatorio, poi a Lettere e poi a Filosofia, fin quando decise di servire birra in un locale a Berlino est. A innalzarla al rango di grande scrittrice ("Oggi in Germania è nata una grande scrittrice") fu il temutissimo critico letterario Marcel Reich-Ranicki, che le recensì il suo *Sommerhaus, später,* allora pubblicato da una piccola casa editrice di Berlino. Judith Hermann è nata nel 1970 e ha ricevuto premi prestigiosi come l'*Alfred-Döblin-Stipendium* (1997) e il *Kleist-Preis* (2001) e ha vissuto un anno a New York come tirocinante giornalista. Ha pubblicato finora cinque libri. Nei primi due *Sommerhaus, später* e *Nichts als Gespenster,* ci narra storie di vite normali; amori, amicizie, paure, speranze, piccoli problemi quotidiani, preoccupandosi sempre di scavare in profondità.

Judith Hermann **è** i suoi personaggi, le loro amicizie e amori, e le loro passioni per la musica, le droghe, i viaggi. Judith Hermann **è** quella febbricitante attesa di un avvenimento, quella grande gioia e voglia di ottenere il massimo godimento in ogni più piccolo gesto, in ogni cosa: puntare la gamba destra contro il portacenere; spingere involontariamente la schiena in avanti; fumare sigarette una dietro l'altra; ascoltare le canzoni di Tom Waits; raccontare barzellette sulle biondine; andare a remare tra i laghi della capitale; camminare a braccetto, affascinati dalle proprie impronte, le uniche nella neve appena caduta sul cortile; fotografare bacini di carenaggio e chiatte; avere il bisogno di sussurrare una frase sconcia nell'orecchio di un'amica; darsi appuntamento in un caffé presso la Sprea; trascorrere due settimane e non fare nient'altro che attendere la chiamata di un amante per urlargli nella cornetta il suo folle amore; discutere del lavoro, dei genitori, della preferenza per i pesci, di Mick e dell'America, del cinema, di Francis Bacon e Pollock; descrivere Kios e Atene, il mare agitato, Danimarca e Grecia; soffermasi un po' tra le colonne di una discoteca, con le palpebre abbassate, dondolare lentamente il capo al suono di *Buenas Tardes, Amigos* dei *Ween*, piegarsi sul fianco e… gettarsi sulla pista da ballo sotto una grande stella, il viso da Cheerleader inondato dalla luce rossa del lampadario, lo spacco del vestito fino all'attacco del sedere, sciogliere il nodo ai capelli, che iniziano a fluttuare lungo la schiena; fuori nel freddo osservare un tram mattutino, uno dei primi, dai fili elettrici levarsi scintille azzurre, la città ancora immersa nel silenzio.

Judith Hermann è Berlino, frenetica, giovane, dinamica, vogliosa di cambiare e sperimentare, è il suono di una metropoli che giunge alle nostre orecchie attraverso le sue frasi brevi, dirette, sincere, senza alcun orpello retorico, che rispecchiano il suo tempo, distante dalle ideologie e dai discorsi belli ed esteticamente perfetti delle generazioni precedenti ma astratti e lontani dalla realtà (che anzi la rendevano artificiale e distante, senz'anima).

Judith Hermann è Berlino e la sua generazione. Definire una generazione, e indicarne gli appartenenti, è difficilissimo. Essa è un concetto astratto, una generalizzazione che non può essere dimostrata empiricamente. Eppure dalla molteplicità dei singoli destini nasce una sorta di destino collettivo, dalla somma di esperienze individuali una sorta di esperienza comune. È fuor di dubbio che ognuno abbia vissuto singolarmente la caduta del Muro, ma è pur vero che essa è stato un avvenimento comune a tutti, che ha portato ad una compartecipazione di vicende, circostanze, situazioni, mutamenti. E Judith Hermann non è stata una eccezione; in un modo suo personale ha raccontato di un preciso periodo storico della sua città vissuto, però, collettivamente. Anche lei, come la maggior parte degli artisti, ha trascorso intere giornate votate alla cultura, tra bar, café, discoteche, teatri, cinema della Berlino est, dove sono ambientati molti suoi racconti:

> *La città divenne dopo l'apertura del Muro un campo di sperimentalismi, che attrasse le menti giovani e creative da tutte le parti della Germania e del mondo. Soprattutto nella parte est si sviluppò un'appassionante scena musicale e culturale, sorsero nightclub, caffè, circoli nelle rovine e cantine, nei vecchi capannoni industriali e negli appartamenti lasciati vuoti. Il fascino del rinnovamento, che si sviluppò nei primi anni della svolta, è terminato. I rapporti giuridici e architettonici hanno trovato un nuovo ordine. Ma anche la nuova Berlino ha conservato la vivacità e la creatività. È di nuovo una città giovane, una città dell'avanguardia culturale al centro dei riflettori mediatici.*[52]

Molti, soprattutto da giovani, hanno l'illusione, di poter forgiare la propria esistenza, al di fuori della storia. Ma questo, secondo il mio parere non è possibile.

52 Arnt Cobbers, *Kleine Berlin-Geschichte; Vom Mittelalter bis zur Gegenwart*, Jaron Verlag, Berlin, 2005, pag. 199

Si cresce influenzati da circostanze esterne e dalla cultura della propria società. Sarebbe esistita una Judith Hermann scrittrice e i suoi racconti se il Muro non fosse caduto? (Dalla sua intervista: "Ich habe etwas geschrieben, über die Jahre 1990-1996 in Berlin, mein Erwachsenwerden, mein Älterwerden" – " Io ho scritto qualcosa del mio divenire adulta, tra gli anni 1990-1996 a Berlino"). E se lei fosse cresciuta tra la cosiddetta *Aufbaugeneration* ("Generazione della ricostruzione"), avrebbe potuto raccontare di giovani, che si dedicano solo ad amori, amicizie, viaggi etc, etc., quando le circostanze esterne ti portano, in un qualche modo, a vivere verso tutt'altra direzione? Oltre ai corsi e ricorsi storici vi sono anche ritorni generazionali. Il 12 aprile 1989 ebbe luogo a Dresda la pièce teatrale *Die Ritter der Tafelrunde* ("I cavalieri della Tavola Rotonda") di Christoph Hein, che ci mostra che più volte nel passato vi sono stati periodi di perdita dei vecchi ideali e valori, dei conflitti padri-figli (i riferimenti al presente sono del tutto evidenti). Quest'opera è ambientata al tempo di re Artù. Egli, assieme ai suoi cavalieri, è divenuto vecchio e stanco. Si aspetta il ritorno di Lancillotto, che era partito alla ricerca del Santo Gral. Egli giunge a mani vuote. Tutti si riuniscono attorno alla Tavola Rotonda e ricordano le loro avventure giovanili e di come attorno a questa tavola avessero stilato piani, di come erano stati allegri e fiduciosi nel futuro. Le loro speranze si rivolgono al figlio di Artù, Mordret, il quale però non vuole ereditare il regno, il Gral per lui è solo un'illusione, la Tavola Rotonda non rappresenta nessun ideale, bensì è solo un pezzo di legno.

Il padre gli chiede: "Non è un tavolo brutto, lo vuoi realmente demolire?"

Al che Mordret risponde: "Lo esporrò in un museo".

Il padre domanda: "Servirà a qualcosa di meglio?".

Il figlio ribatte: "Fa spazio. Aria per respirare, padre".

Arturo: "Oh, Mordret. Tu distruggerai molto".

E il figlio replica: "Sì, padre".

Mi accingo ora ad analizzare *Sonja* e *Sommerhaus, später* (da: *Sommerhaus, später*), in cui si riscontrano tutte le tematiche presenti negli altri racconti della scrittrice e che sono caratteristiche anche della sua generazione.

Sonja è forse la storia che mi è piaciuta di più. È ambientata a Berlino e l'atmosfera è melanconica e misteriosa, come la trama e la protagonista Sonja, di cui, né noi lettori, né l'io narrante sappiamo e sapremo molto.

Sonia non parlava mai. Quasi mai. A tutt'oggi non so nulla della sua famiglia, della sua infanzia, della sua città natale, dei suoi amici. Non ho la più pallida idea di come facesse a vivere, se guadagnasse o se qualcuno la mantenesse, se avesse delle ambizioni professionali, dove volesse andare, cosa volesse fare.[53]

Essa appare più volte per scomparire più volte e, alla fine, per sempre. Il racconto termina, infatti, così:

Non ho più rivisto Sonja, né ho più avuto sue notizie. I rami spogli dei tigli in cortile battono contro la finestra, è ora di comprare un nuovo pallone ai ragazzi turchi. Aspetto di incontrare un giorno quella donna piccola dai capelli rossi per chiederle di Sonja, dove abita e come sta. Qualche volta, per la strada, ho la sensazione che qualcuno mi segua dappresso, allora mi volto ma non c'è nessuno, però mi rimane addosso un senso di irritazione.[54]

Berlino è l'immenso scenario di una improbabile storia d'amore tra il protagonista (un pittore – l'io narrante), di cui non sappiamo il nome, e Sonja, che si consuma, all'incirca, nell'arco di un anno. Alcuni dei tratti principali della città vengono delineati. È l'appena riunificata metropoli, divenuta capitale della Germania. È l'ultimo decennio del secolo scorso. Come in molti libri e film di questo periodo storico, si avverte una forte ebbrezza, le persone hanno voglia di divertirsi e si ha la sensazione che tutto sia possibile:

Quando calava il buio mi incamminavo, la città era come immersa in un leggero stato di ebbrezza, andavo a bere e a ballare…[55]

L'azione si svolge tra feste nei quartieri industriali in rovina nella parte orientale, la quale ha un particolare fascino che ha attratto sia gli studenti che alcuni dei più famosi scrittori tedeschi (essi si sono insediati a *Prenzlauer Berg*, anch'esso un quartiere che dovrebbe essere risanato totalmente):

Vagai a lungo per il quartiere industriale dove Sonja viveva a quell'epoca. La casa in cui abitava si trovava sulla sponda della Sprea, tra un'autodemolizione e una fabbrica, era un vecchio palazzo grigio e, a eccezione delle finestre illuminate al terzo piano, era completamente

53 Judith Hermann, *Sommerhaus, später, Fischer Verlag*, Frankfurt am Main, 2000, pag. 68 (traduzione di Barbara Griffini)

54 Ibidem, pag. 84

55 Ibidem, pag. 59

buio. Salii vacillando le scale, la luce del corridoio non funzionava…[56]

e nella parte occidentale e precisamente a Kreuzberg (dove Judith Hermann ha abitato ed è cresciuta), rione famoso per la numerosa presenza dei turchi, dove il pittore vive e sembra non solo essersi integrato con gente di cultura diversa ma anche gioirne (Judith Hermann ha dichiarato nella mia intervista: "Io ho vissuto alla fine degli anni ottanta a Kreuzberg (…) Adesso nel mio cortile di casa non ci sono più ragazzi turchi, che giocano a calcio"):

Nel cortile di casa mia fiorivano i tigli, giocavo a pallone con i ragazzi turchi e avevo nostalgia di Verena, ma senza tormenti (…)[57]
(…) Era piena estate, in cortile le donne turche spennavano le oche, le piume bianche volteggiavano nell'aria fino alla mia finestra…[58]

Tutto avviene per caso, è una concatenazione di avvenimenti, che spingono i personaggi nelle loro azioni. I protagonisti non sono i fautori delle loro vite ma accettano passivamente il loro destino. Essi trascorrono le loro giornate con l'aspettativa che qualcosa possa accadere, che qualcosa possa entrare a far parte delle loro vite:

C'erano dei momenti in cui sentivo un forte desiderio per qualcosa che non sapevo bene identificare, forse un evento, qualcosa di sensazionale, un cambiamento, ma quel desiderio svaniva con la stessa rapidità con cui si era presentato…[59]

Il racconto inizia con il pittore che ritorna da Amburgo (è maggio) dopo aver visitato la sua ragazza Verena, bellissima, statuaria, bionda, dal carattere aperto. Gli uomini si voltano a guardarla: è alta ed ha un buon profumo. Sul treno si imbatte per caso in Sonja e vive una situazione normalissima, che però, in seguito, cambierà la sua vita:

La solita situazione – il corridoio stretto di un intercity in viaggio chissà dove tra Amburgo e

56 Ibidem, pag. 64

57 Ibidem, pag. 59

58 Ibidem, pag. 64

59 Ibidem, pag. 74

> *Berlino, due persone che si trovano casualmente vicine perché vogliono fumare una sigaretta.*[60]

E già agli inizi della trama si possono scorgere riferimenti personali di Judith Hermann (ella lascia tracce autobiografiche in ogni personaggio). La descrizione fisica della ragazza, corrisponde a quella che lei ha dato di se stessa a numerosi giornalisti:

> *I capelli lisci e biondi erano lunghi fino alle spalle e la faccia era tanto insolita e antiquata da ricordare uno di quei ritratti di Madonna del XV secolo, una faccia affilata, quasi appuntita…*[61]

Sonja, però, non somiglia completamente alla scrittrice. Anzi, Judith Hermann proietta in lei quelle qualità e quel carattere, che avrebbe sempre desiderato avere e che però, con tutti gli sforzi possibili, non riuscirà a possedere (nella mia intervista dirà a proposito: "io tento di descrivere una figura da romanzo, che da un certo punto di vista ha a che fare con me, ma se lo si legge bene, non è come me, bensì come io avrei voluto essere, ma non lo sono mai stata."). Soprattutto verso la fine del racconto, si nota, come sia orgogliosa per la tenacia, per la risolutezza, senza pentimenti o risentimenti, dimostrata nell'affrontare la sua situazione, divenuta dispiacevole, con il pittore.

> *Invece Sonja si sedette, mi voltò le spalle e rimase immobile. Io spostavo il peso da un piede all'altro, tutto taceva, il fiume era di un marrone insopportabile. Respirai e non accadde nulla, poi me ne andai, mi chiusi la porta alle spalle, origliai – niente. Nessuna esplosione di rabbia, nessun pianto soffocato, Sonja non mi domandò di restare (…) Ero divertito e fiero di Sonja, fiero della tenacia con la quale mi si sottraeva…*[62]

Continuando la lettura, si inizia a percepire un sentimento di malinconia, di perdita di qualcosa che non potrà essere più recuperato. Tutto ciò viene reso dall'autrice attraverso la sua particolare tecnica di scrittura. Inconsciamente il trascorrere dei giorni lo si avverte grazie al susseguirsi di numerose ripetizioni di indicazioni temporali:

60 Ibidem, pag. 56

61 Ibidem, pag. 56

62 Ibidem, pag. 81/82

Era maggio, il treno attraversava il Brandeburgo (pag. 56)

Era un maggio caldo e assolato (pag. 59)

Poi arrivò giugno e Verena venne a trovarmi a Berlino (pag. 61)

In luglio Verena ritornò ad Amburgo (pag. 63)

In Gennaio arrivò una cartolina da Agadir (pag.70)

A fine marzo si sciolse l'ultima neve sui tetti (pag. 73)

In cortile cominciarono a fiorire i tigli e i primi temporali estivi spazzavano il cielo della città, arrivò il caldo (pag. 74)

Quell'estate fu l'estate di Sonja (pag. 76)

A fine luglio (pag. 77)

In autunno ci vedemmo più di rado (pag. 78)

Un mattino me la trovai davanti alla porta di casa (pag.78)

Il più forte senso di nostalgia nasce, quando Judith Hermann, magistralmente, unisce le indicazioni temporali con i ricordi, che ci riportano esattamente all'anno precedente, e con il forte desiderio di riappropriarsi di un momento del passato:

Faceva freddo, la prima neve era caduta. Pensai all'inverno precedente, alle notti che aveva trascorso seduta a casa mia, e volevo riavere tutto quanto…[63]

Sono precisamente quei giorni, vissuti superficialmente senza la consapevolezza della loro importanza, che riaffiorano nel presente in tutto il loro valore e che provocano dolore per la loro perdita:

63 Ibidem, pag. 82

Oggi credo di essere stato felice in quelle notti. So che il passato è sempre trasfigurato, mitigato dal ricordo. Forse quelle notti erano soltanto fredde e divertenti per un certo cinismo. Ma oggi mi appaiono così importanti e perse per sempre, che ripensarci mi addolora...[64]

La trama continua in modo ambivalente e misterioso. Dopo essersi conosciuti, Sonja e il pittore trascorrono una serata piacevole. Ma lei nei giorni successivi si rende introvabile. L'artista inizia a preparare una mostra e la sua ragazza giunge da Amburgo per sostenerlo, gli tiene in ordine l'appartamento, lo abbellisce con addobbi floreali. Il giorno dell'inaugurazione Sonja riappare in modo del tutto oscuro:

Verena ritornò alle sette, scorazzò con i suoi amici tra i miei quadri, e io lasciai la galleria per starmene cinque minuti da solo. Attraversai la strada, e dall'altra parte dentro un portone c'era Sonja. Ancora oggi non so se fosse passata da quelle parti per caso oppure se avesse in qualche modo sentito parlare della mostra; conosceva solo il mio nome e io non avevo mai fatto cenno alla galleria...[65]

Verena intraprende dei viaggi con degli amici (riferimenti ai continui spostamenti di Judith Hermann), e la polvere inizia a depositarsi dappertutto, i mazzi di fiori appassiscono, le bottiglie si accumulano per casa. Il pittore entra in quella fase di apatia e indifferenza che è comune a tutta la generazione di Judith Hermann:

Per settimane intere la città fu sommersa da una luce gialla, faceva molto caldo e io passai ore e ore in camera disteso nudo sul pavimento a fissare il soffitto. Non ero inquieto, né irritato, ero stanco e mi trovavo in un bizzarro stato di apatia...[66]

Indifferente è alcune volte la stessa Sonja, che oramai è una presenza costante nella vita del pittore, con il quale esce tutti i giorni. Ella segue il corso della sua storia d'amore, senza intervenire, accettando ogni avvenimento, sicura che il destino le regali un finale felice:

Seduta, con la testa stretta tra le mani, mi guardava; fumò una quantità pazzesca di sigarette

64 Ibidem, pag. 69/70

65 Ibidem, pag. 62

66 Ibidem, pag. 63

e bevve un solo bicchiere di vino…[67]

Sonja è appena percettibile, quasi invisibile. In quelle loro notti trascorse assieme è il pittore che parla per ore, che si dedica al suo lavoro, Sonja ascolta e osserva, senza mai intervenire, senza una partecipazione attiva.

Non sapevo che il semplice fatto di lasciarla entrare nel mio appartamento e nel mio atelier, di farla sedere al tavolo della mia cucina, in mezzo ai miei appunti, di stampare fotografie e disegnare qualche schizzo davanti ai suoi occhi fosse un regalo per Sonja…[68]

L'artista non si accorge che in questo modo inizia ad insinuarsi nella sua vita quotidiana, fino a che sarebbe giunto il momento in cui lui non avrebbe più potuto vivere senza di lei:

Non mi accorsi che Sonja stava per insinuarsi nella mia vita. Per me in quelle notti lei era una piccola persona stanca e posseduta da chissà cosa, che a suo modo mi teneva compagnia, che mi stava seduta accanto, mi ascoltava e lusingava la mia vanità facendomi sentire importante…[69]

Quando si rende conto di ciò che gli sta accadendo, del pericolo che incombe, immediatamente, senza pensare, prende in mano le redini del suo destino e si precipita da Verena. Le chiede di sposarlo e lei, stupita, ignara di tutto, accetta:

Tutto ciò che avvenne in seguito avvenne per paura. Avevo paura di Sonja, credo, paura della possibilità improvvisamente così vicina di vivere insieme a una persona stranamente piccola, una persona che non parlava, che non faceva l'amore con me, che il più delle volte mi guardava attonita, gli occhi sgranati, della quale io non sapevo quasi niente, che in fin dei conti probabilmente amavo…[70]

Sonja, alla notizia del suo matrimonio, scompare definitivamente, tira fuori un carattere deciso e ostinato, si riappropria, anche lei, del suo destino, che fino ad allora aveva seguito con cieca fiducia. L'io narrante rimane stupito ed ammirato, cerca di rintracciarla inutilmente e una sensazione di occasione mancata lo perseguiterà

67 Ibidem, pag. 61

68 Ibidem, pag. 67

69 Ibidem, pag. 67/68

70 Ibidem, pag. 79

per sempre. La loro storia d'amore è stata ambivalente (non si sono mai baciati o toccati), con un'atmosfera melanconica e misteriosa:

> *Sapeva essere una sconosciuta, una piccola musa, la donna che si incontra una volta per la strada e che anni dopo si ricorda con la sensazione di una grandiosa occasione mancata….*[71]

In *Sommerhaus, später*, incontriamo quasi tutte le tematiche care a Judith Hermann: Berlino, le amicizie, gli amori, le speranze, i sogni, la musica della sua generazione, apolitica, indifferente, che si lascia trasportare dagli eventi. Ed euforia, indifferenza ed estraneità vengono messe in risalto in modo del tutto evidente nel racconto:

> *Fissai il tergicristallo, il turbinio della neve che ci veniva addosso in cerchi concentrici, pensai ai viaggi in macchina con Stein due anni prima, a quella strana euforia, all'indifferenza, all'estraneità tra di noi….*[72]

Le frasi sono, come sempre, brevi e semplici e ci sono molte ripetizioni. Vi è una particolare cura per i dettagli (non si dimentica mai di scrivere che tempo fa, gli umori dei personaggi, i loro gesti più usuali, come si accendono una sigaretta, come si spingono all'indietro con la sedia, etc., etc.)

La trama ci viene narrata da una ragazza. Siamo agli inizi degli anni '90 del secolo scorso. Il racconto inizia con una telefonata da parte di Stein alla narratrice, sua amica, con la quale aveva tenuto in precedenza una breve relazione sessuale per comunicarle di aver comprato la casa dei suoi sogni ed invitarla ad andarla a vedere con lui. Ella accetta e durante il viaggio in macchina le riaffiorano i ricordi e con essi, noi lettori, impariamo a conoscere Stein: la sua professione, i suoi divertimenti, la sua visione della vita; è un ragazzo bellissimo, ha un taxi ma non una casa e fino ad allora ha dormito un po' da un amico un po' dall'altro. Il loro rapporto era nato due anni prima ed era basato su viaggi comuni in macchina con la musica ad alto volume lungo le strade di Berlino. Lo aveva incontrato per la prima volta nel suo stesso Taxi e mentre l'accompagnava verso la direzione da lei richiesta, aveva bloccato il tassametro ed erano andati a letto insieme. Abitarono nell'appartamento di lei, la quale dopo un po' si stancò e gli chiese di trovarsi un altro tetto, perché ne aveva abbastanza di lui.

71 Ibidem, pag. 55

72 Ibidem, pag. 145

Il vagare con la macchina, ascoltando lo stereo ed estraniarsi è un tratto tipico di questa generazione. Judith Hermann, nell'intervista mi ha dichiarato: "si sale in auto con i propri amici e via si parte, si infila una cassetta nello stereo e poi nasce una certa sensazione. La musica trasporta una sensazione di vita". E nel racconto, nelle tre settimane di vita in comune tra Stein e la narratrice, apprendiamo le passioni di questi giovani di andare a zonzo, senza una meta precisa per le gigantesche vie della capitale, come Frankfurter Allee e dell'importanza della musica ad alto volume. Siamo agli inizi del successo dell'Hip-pop e della rivelazione dei Massive Attack. L'atmosfera che si percepisce è alienante ed estraniante:

Nelle tre settimane in cui Stein abitò da me girammo per la città con il suo taxi. La prima volta su e giù per Frankfurter Allee, ascoltammo i Massive Attack fumando e percorrendo la Frankfurter Allee avanti e indietro per un'ora almeno finché Stein disse: "Lo capisci?". Non avevo nulla in testa, mi sentivo svuotata e stranamente sospesa, davanti a noi la strada era larga e bagnata di pioggia, i tergicristallo spazzavano il parabrezza, avanti-indietro. Gli edifici d'epoca staliniana sui due lati della strada erano enormi, ed estranei e belli ...[73]

Essi avevano addirittura cassette che si adattavano a determinate vie e, anche nel seguente estratto, si leggono i nomi di nuove band – Ween e Trans-AM – che hanno influenzato il panorama musicale degli anni '90 con un sound tutto nuovo e un cantante – David Bowie – già famoso. Le sue liriche avevano fatto da sfondo nel film *Christiane F. und wir Kinder vom Bahnhof Zoo* ("Christiane F. e noi bambini di Bahnhof Zoo"), ambientato nella Berlino ovest nel periodo in cui vi era il forte problema dell'eroina, che si era diffusa anche tra i giovanissimi:

Per ogni percorso Stein aveva una musica diversa, Ween per le strade statali, David Bowie per il centro storico, Bach per i vialoni, Trans-AM soltanto per l'autostrada...[74]

Il racconto è pieno di allusioni culturali a Berlino, come ad esempio, la frase, *Geh zu ihr, und laß deinen Drachen strige* ("Vai da lei e fai volare il tuo aquilone"), scritta in una parete della casa acquistata da Stein e che si riferisce alla canzone dei Puhdys, presente nel film DEFA, intitolato *Die Legende von Paul und Paula* ("La leggenda di Paolo e Paola"). Questo particolare mi è stato rivelato da Judith Hermann durante la

73 Ibidem, pag. 141

74 Ibidem, pag. 142

mia intervista: "C'è un film molto celebre che si intitola *La leggenda di Paolo e Paola*. È uno dei più bei film d'amore della RDT, se non uno dei più belli in assoluto (…) Io l'ho inserita nel racconto *Casa estiva, più tardi*, per chiarire, che la casa in questione è nell'est, che questa è una casa che era nel territorio della RDT e che le persone, che hanno lasciato questo graffito, avevano un passato nella RDT. Doveva essere come un codice. O lo si riconosce e ci fa piacere, o non lo si riconosce, e allora rimane solo una frase".

Ritornando alla trama della storia, Stein dopo la rottura con la narratrice, si trasferì da Christine, che abitava al piano inferiore, poi da Anna, da Henriette, da Falk e da tutti gli altri che facevano parte della cerchia degli amici di lei. L'estratto che segue, evidenzia la vivacità culturale che vi era a Berlino. La moda, i concerti, le letture nel *Roter Salon* ("Salone rosso: si trova all'interno del teatro *Volksbühne*) che ci fa comprendere che il gruppo si ritrova nella parte est della città:

Scopò tutti, era inevitabile, era piuttosto bello, Fassbinder sarebbe impazzito per lui. Lui c'era. E però non c'era. Non faceva parte del gruppo, ma per qualche recondito motivo rimaneva. Fece il modello nell'atelier di Falk, lavorò come elettricista ai concerti di Anna, andò ad ascoltare le letture di Heinze al Roter Salon. *Applaudiva a teatro quando noi applaudivamo, beveva quando noi bevevamo, si drogava quando noi ci drogavamo (…) e di tanto in tanto uno di noi se lo portava a letto, e di tanto in tanto uno stava a guardare…*[75]

Tutte le ragazze caddero dunque nella rete di Stein, che è una persona che sa già cosa vuole e con tanti sogni nel cassetto, come quello di entrare in possesso di una casa con giardino tutta sua, dove poter trascorrere i momenti migliori della sua vita e per cui veniva deriso dagli altri:

Casa. Adesso mi ricordavo. Stein e i suoi discorsi sulla casa, fuori da Berlino, rustico di campagna, casa padronale, maniero, davanti tigli, dietro castagni, sopra cielo, tipico lago del Brandeburgo, tre iugeri di terra almeno, le carte stradali aperte, segnate con la penna, settimane passate a perlustrare la zona, in cerca. Quando poi ritornava, sembrava strano e gli altri dicevano: "Ma cosa ci viene a raccontare. Tanto non ne farà mai niente"…[76]

La protagonista però è molto più risoluta dei suoi compagni e dopo la sua breve

75 Ibidem, pag. 142

76 Ibidem, pag. 139

avventura non si concederà più, non cederà al suo fascino. Ella è l'unico personaggio che mostra un carattere abbastanza deciso e ricorda in un certo senso la stessa *Sonja*. Entrambe hanno una qualche somiglianza con la Hermann:

Io no. Io non replicai. Posso dire – che non era il mio modo di fare. E nemmeno ricordavo come fosse stato farlo, cioè fare sesso con Stein...[77]

Questi amici affittarono spesso, in estate, un appartamento in campagna, che era la moda di allora e, anche lì, Stein è presente. Con un tono critico e, forse, di ribrezzo, vengono descritte le case di campagna, basse, storte con staccionate dal legno marcio:

Alle feste c'era anche lui e quando in estate si andava fuori città, nelle casette misere e storte che ben presto ebbero tutti e che recavano sulle staccionate di legno marcio la scritta "Berlinesi fuori!", lui veniva con noi...[78]

Tra loro e la gente del luogo non vi era nessuna comprensione. Le incompatibilità tra caratteri cittadini e provinciali affiora immediatamente. Il loro modo di camminare, di esprimersi, di vestire è all'opposto di quei contadini, giardinieri, gente alla mano, semplice, senza alcune pretese particolari:

Stavamo seduti con lui in giardini e case di gente con cui noi non c'entravamo proprio. Ci avevano vissuto operai, coltivatori diretti, giardinieri per hobby che ci odiavano e che noi odiavamo. Evitavamo la gente del posto, era sufficiente pensare a loro per rovinare tutto. Stonava. Rubavamo loro lo "stare-tra-di-noi", deturpavamo i villaggi, i campi e anche il cielo, se ne accorgevano per il modo in cui andavamo in giro con la camminata alla Easy Rider, per i mozziconi di spinello che sbriciolavamo nelle aiole dei loro giardinetti, per gli spintoni che ci davamo, eccitati come eravamo...[79]

Stein non si sottrasse neanche alle droghe come LSD o alle semplici canne. Immediatamente ci accorgiamo di essere negli anni '90 dal linguaggio parlato del periodo con delle espressioni tipo,"aufgebrochen zum Sonnenuntergang auf Speed"

77 Ibidem, pag. 143

78 Ibidem, pag. 142

79 Ibidem, pag. 143

("incamminarsi per vivere un tramonto allucinogeno"):

> *Prendevamo l'LSD, anche Stein lo prendeva. Toddi barcollava nella luce della sera, a ogni contatto bofonchiava qualcosa sul "blu", Stein sorrideva eccessivamente allegro e taceva (...) Una volta ero sola con lui, forse nel giardino della casa di Heinze a Lunow, gli altri si erano incamminati per viversi un tramonto allucinogeno...*[80]

Come già accennato in precedenza, la comitiva di amici bazzicava più dalle parti di Berlino est, dove la vita culturale era più accentuata. Si possono leggere con frequenza nomi come gli *Stalin-Bauten* o la già citata *Frankfurter Allee* o la *Volksbühne*, nella quale hanno avuto e hanno tutt'ora luogo i maggiori sperimentalismi teatrali e non solo, visto che si proiettano anche Film o si hanno manifestazioni musicali. Essa si trova sulla *Rosa-Luxemburg-Platz*, dove vi è anche il mitico cinema *Babylon*, che mostra le prime dei film dei giovani registi tedeschi, che, assieme agli attori, dopo la visione, si offrono per rispondere alle domande (In *Bali-Frau*, Judith Hermann ci racconta di questi incontri con registi famosi, le loro continue feste, le visite nelle loro case):

> *Noi stavamo seduti in giardino, bevevamo vino, guardavamo come degli idioti i nugoli di moscerini intorno agli alberi e parlavamo di Castorf e di Heiner Müller e dell'ultimo fiasco teatrale di Wawerzinek alla Volksbühne...*[81]

Ma la Berlino est aveva già, prima della caduta del Muro, una ricca tradizione culturale, soprattutto teatrale. Il quartiere di ritrovo di artisti e intellettuali era *Prenzlauer Berg*.

Dopo la descrizione dei personaggi e i loro caratteri, dei luoghi e degli avvenimenti, attraverso i ricordi dell'io narrante, ci ritroviamo di nuovo sulla strada per la casa in campagna di Stein, sulla sua macchina e lo stereo acceso, deliziati dalla voce della Callas. E subito riaffiorano i sentimenti negativi della scrittrice per i piccoli paesi vicino a Berlino, delle vie piene di curve, della bruttezza architettonica degli edifici, della desolazione del posto senza neanche un negozio, l'assoluta assenza di attività commerciali:

80 Ibidem, pag. 143/144

81 Ibidem, pag. 143

> *Canitz era peggio di Lunow, peggio di Templin, peggio di Schönwalde. Su entrambi i lati della provinciale piena di curve c'erano case grigie e acquattate, tavole di legno inchiodate a tante finestre, non un negozio, non un fornaio, non una locanda…*[82]

Anche la sua opinione degli abitanti di campagna rimane negativa, forse di diffidenza. Una signora in grembiule e suo figlio vanno incontro a Stein per consegnargli le chiavi di casa, dove essi avevano vissuto in affitto, prima che lui la acquistasse:

> *Stein pattinò sul cemento ghiacciato con movimenti esagerati avanzando verso una donna col grembiule che era uscita dalla porta di casa; avvinghiato al grembiule aveva un bimbetto pallido e magrolino (…) "Sono arrabbiati perché un anno fa li hanno costretti ad andarsene. Ma non sono stato io a sbatterli fuori, è stato il proprietario, uno di Dortmund. Io l'ho solo acquistata. Per quanto mi riguarda potevano anche rimanere dentro". Priva di comprensione dissi: "Ma sono schifosi", e Stein disse: "Cos'è schifoso" e mi buttò in grembo il mazzo di chiavi…*[83]

La casa si rivela, però, in rovina. È una costruzione di due piani, fatta di mattoni. La veranda, circondata dall'edera, è sghemba. Crepe larghe un pollice corrono lungo le pareti e le assi gemono. Il portone d'ingresso si rompe quando Stein tenta di aprirlo. Dopo un po' cadono anche gli infissi. La narratrice ha paura che il tetto possa crollarle addosso. Ma Stein è eccitato e vuole coinvolgerla; un sogno, uno scopo della sua esistenza è lì davanti ai suoi occhi e per lui non è un problema se le maniglie delle porte sono arrugginite, i tappeti consunti, l'intonaco danneggiato. Ecco che finalmente può avere quello spazio tanto desiderato, dove trascorrere una vita in comune con i suoi amici e le dice:

> *"C'è tutto!" disse Stein, non l'avevo mai sentito così sfacciato". "Lago del Brandeburgo, castagni davanti a casa, tre iugeri di terreno, voialtri potete coltivarci la vostra stramaledetta erba, i funghi, la canapa, la merda. C'è posto abbastanza, capisci? Posto abbastanza! Io vi faccio un salone e una sala da biliardo e una sala per fumatori, e a ciascuno la sua camera e sul retro della casa un grande tavolo per le cene di merda e lo schifo, e dopo ti puoi alzare e*

82 Ibidem, pag. 147

83 Ibidem, pag. 146/147

andare al fiume e farti di coca finché ti scoppia il cranio"...[84]

Un febbricitante Stein la trascina da una parte all'altra, è deciso di andare fino in fondo, di non lasciarsi abbattere dalle cattive condizioni dell'edificio e lei crede di comprenderlo, perché in cuor suo ha il suo stesso desiderio (Esattamente come la stessa Judith Hermann, che aveva confermato ad un giornalista di essere alla ricerca di un podere, per poter trascorrere le giornate accanto ai suoi amici; creare una piccola comunità). Non sono sicuri se riusciranno nel loro intento, forse sì, è una possibilità tra le tante che la vita ti offre e che bisogna sfruttare. Stein vuole guidare le redini del suo destino. L'importante è che sia egli stesso a prendere una decisione:

Questa è una possibilità, una delle tante. La puoi realizzare oppure lasciar perdere. Io posso realizzarla oppure troncare e andare da qualche altra parte...[85]

Dopo essere ritornati in città, i giorni seguenti, la narratrice e Stein riprendono la loro vita quotidiana con gli amici, andando a vedere film, ascoltando canzoni, pattinando sul lago ghiacciato di Griebnitzsee, fin quando lui non scompare dalla circolazione per rimettere in sesto la sua casa. Nessun altro della compagnia sa niente; alla narratrice spedisce delle lettere, ragguagliandola sui progressi fatti. L'ultima che ella riceve, ha, al suo interno, un ritaglio di un giornale dove si comunica che si è dato fuoco alla casa:

Il proprietario, un berlinese che aveva acquistato sei mesi fa la casa del XVIII secolo e l'aveva rimessa a posto, è dato per disperso. La causa del disastro non è ancora stata accertata, per ora la polizia non esclude che si tratti di un incendio doloso...[86]

Uno dei grandi sogni della loro vita è andato in fiamme: che fare? Rinunciare? Essere fedeli al proprio tempo? Come la loro generazione? E lasciarsi trascinare dagli eventi, dal destino? Assolutamente no, la voce narrante ossia la scrittrice non si arrende:

Andai in cucina e per dieci minuti rimasi davanti ai fornelli con la mente ottusa. L'orologio

84 Ibidem, pag. 150

85 Ibidem, pag. 152

86 Ibidem, pag. 156

sopra i fornelli ticchettava. Corsi nella camera in fondo, aprii il cassetto della scrivania e riposi la busta insieme alle altre cartoline e al mazzo di chiavi. Pensai: "Più tardi".[87]

Brevemente voglio spendere poche righe su altri racconti del libro.

Rote Korallen è la storia di una giovane coppia di fidanzati tedeschi (il ragazzo è quell'unico personaggio, come ci ha fatto notare Florian Illies, che era finito dal terapeuta, perché non pensava solo ed esclusivamente a se stesso), i cui rispettivi ascendenti si erano conosciuti in Russia.

Hunter-Tompson-Musik è ambientato a New York e riflette le esperienze della scrittrice, che ha vissuto un anno, in questa città, che lei definisce come "eine kriminelle Stadt" (una città criminale). La musica, e già si intuisce dal titolo, assume un ruolo fondamentale.

Bali-Frau, è un racconto sulla "bohème berlinese"; di come un gruppetto di amici esce con gente famosa, registi, scrittori. Vanno alle loro feste e partecipano all'uso di droga:

Markus allineava la cocaina sullo specchietto in tante piccole piste…[88]

Concludo il mio excursus su *Sommerhaus, später* con una battuta sulle biondine della moglie di un regista famoso, proveniente da Bali:

"Che differenza c'è tra una biondina e il Titanic". Silenzio. Aspettò quattro, cinque secondi e poi disse: "Del Titanic si sa in quanti ci sono stati sopra". Continuammo a tacere…[89]

Nel 2009 Judith Hermann ha pubblicato il libro *alice*, una raccolta di cinque racconti. In ciascun racconto si narra la relazione sentimentale della protagonista Alice con un uomo. Tutti e cinque i suoi amanti, alla fine, muoiono.

Nel 2014 la scrittrice tedesca ha dato alle stampe il suo primo romanzo *Aller Liebe Anfang*, che tratta "le esigenze dell'amore e la vulnerabilità della vita".

87 Ibidem, pag. 156

88 Ibidem, pag. 97

89 Ibidem, pag. 111

Foto sopra: Durante l'intervista a Judith Hermann. Foto in basso: tipica area industriale dismessa del periodo

Intervista a Judith Hermann

Queste non sono delle domande, bensì due affermazioni:

Quando sarà infranto l'infinito servaggio della donna, quando ella vivrà per se stessa e grazie a se stessa, poiché l'uomo, - fino a oggi abominevole, - l'avrà congedata, la donna sarà poeta, anche lei! Troverà la sua parte d'ignoto! I suoi mondi d'idee saranno diversi dai nostri? – Ella troverà cose strane, insondabili, ripugnanti, deliziose; le prenderemo, le comprenderemo.
- Dalla lettera di Arthur Rimbaud a Paul Denemy; Charleville, 15. Maggio 1871 (traduzione di Diana Grange Fiori).

"Presi fiato, sollevai le mani e le lasciai nuovamente cadere, avrei voluto dire che non mi interessavo di me ma pensai che era una bugia, io mi interessavo esclusivamente di me stessa. È questo, forse, che non c'è niente, soltanto stanchezza e giornate vuote e silenziose, una vita come quella dei pesci sott'acqua e risate senza motivo?(Adesso giunge il punto a cui sono interessato) Avrei voluto dire che ho troppe storie dentro di me che mi rendono la vita difficile…"
- Da: J. Hermann: "Coralli rossi". (Traduzione di Barbara Griffini)

Hai qualcosa da dire a proposito?

Debbo pensare un momento. Sono contenta, che tu hai scelto questo brano del libro, perché è molto importante per me. È un po' come un motto per tutte le storie. Il racconto "Coralli rossi" è la storia di apertura del libro "Casa estiva, più tardi". Frasi come: "Avrei voluto dire che ho troppe storie dentro di me che mi rendono la vita difficile" etc. sono esempi di questo motto. Io voglio narrare i racconti, per liberarmene e continuare ad andare avanti, che in un certo qual modo è il motivo dello scrivere. Il personaggio che fa questa affermazione è come un mio alter ego. Questo vale per tutti i racconti. Per questo la citazione è il passaggio di una storia che si trova all'inizio del libro. Per questo io sento la scrittura, senza voler ideologizzare, come una possibilità, per manifestare qualcosa, lasciarla uscire fuori di te, per poi passare a qualcosa di nuovo. All'incirca così…

Si pensa, che lo/la scrittore/trice cerca consapevolmente, di fare determinate esperienze, per poterne poi scrivere un libro. Voglio dire, essi trasformano le loro esperienze, attraverso il freddo e calcolato processo della scrittura, in racconti. Io credo di aver intravisto tracce di una simile ricerca di esperienze nei tuoi libri. Ad esempio:

"Aveva invitato una cinquantina di persone, ero sicuro che solo pochissimi fossero veramente suoi amici. Tuttavia era una combinazione di ospiti, di facce e di caratteri che a un certo punto permise a quel vecchio palazzo lungo la Sprea di sganciarsi dalla realtà, almeno questa fu l'impressione…"
- Da: J. Hermann: "Sonja". (Traduzione di Barbara Griffini)

Sei d'accordo, su ciò che la mia affermazione e il brano del testo sopracitato in generale concernono?

Dunque, in ogni caso, è che il proprio vissuto, le proprie esperienze confluiscono, in modo visibile, nel testo, attraverso un determinato processo di trasformazione. Non posso scrivere di qualcosa che non ho vissuto, ma solo di cose, che io conosco. Debbo, dunque, essere passata attraverso un determinato processo di esperienze. Ma sotto un altro punto di vista, credo, che ci si debba guardare, nel ricercare determinate esperienze, per poi poterne scrivere. Non penso che funzioni così. Per lo meno l'ho evitato. Con il primo libro non ho dovuto farlo, perché scrivere il tuo primo libro, è qualcosa di molto particolare: non si sa niente, ma non si ha neanche nessuna paura. È come un tipo di innocenza della scrittura, che più tardi passa. Io ho scritto qualcosa del mio divenire adulta, tra gli anni 1990-1996 a Berlino. Poi con il secondo libro, ho chiaramente compreso, che io non posso utilizzare molto la realtà, non posso uscire e osservare se questa o quella esperienza e avvenimento potrebbero confluire in un racconto, bensì debbo stare molto più attenta. Non si deve andare dalle cose, bensì lasciare che esse vengano da te.

Riguardo al processo della scrittura: Io penso che lo/la scrittore/trice, aggiungano tracce di se stesse nei loro racconti. Per esempio, tu hai spiegato in alcune interviste, che non ti lasci fotografare volentieri, poiché nelle foto sembri essere come uno di quei ritratti di Madonna del XV secolo. A pagina 56 di "Casa estiva più tardi" si può leggere:

"… Non era affatto bella. In quel primissimo momento era tutt'altro che bella, così in piedi con addosso un paio di jeans e una camicia bianca troppo corta; i capelli lisci e biondi erano lunghi fino alle spalle e la faccia era tanto insolita e antiquata da ricordare uno di quei ritratti di Madonna del XV secolo, una faccia affilata, quasi appuntita…" (traduzione di Barbara Griffini)

Io dalla lettura del racconto ("Sonja") ho capito che la scrittrice Judith Hermann cerca di descrivere la ragazza Judith Hermann. Cosa ne pensi?

È esatto, ma non del tutto: io tento di descrivere una figura da romanzo, che da un certo punto di vista ha a che fare con me, ma se lo si legge bene, non è come me, bensì come sarei voluta essere, ma non lo sono mai stata. Io descrivo come mi piacerebbe essere. Sonja è una figura strana, è estremamente indipendente, molto coerente e caparbia in ogni cosa… queste sono tutte caratteristiche che io avrei voluto possedere.

La generazione, di quelli cresciuti nell'est, la cosiddetta "Zonenkinder Generation", è quella a cui appartengono autori come Jana Hensel, Jana Simon, Andreas Gläser, Jakob Hein e così via. Questa generazione di scrittori, ma anche stranieri come Kaminer o Yadé Kara, menzionano sempre il Muro e la divisione della Germania. Al contrario, per gli scrittori della parte occidentale, quelli della "Generazione Golf", questo argomento non sembra essere così importante da trattare nei loro libri.

Ingo Schulze, lo scrittore della RDT, ha detto una volta: "la RDT non esiste più, il paese è scomparso dalle carte geografiche". È talmente semplice, che non ci si neanche prova a dirlo: c'è stato un cambio di sistema. Io sono cresciuta in un sistema capitalistico, che dopo la caduta del Muro è rimasto un sistema capitalistico. È sicuro che il sistema comunista ha vissuto una perdita di identità… Allora nel 1990 vi sono state determinate situazioni emozionali e, so ancora molto bene, che non mi erano indifferenti. Al contrario mi hanno toccato molto… La caduta del Muro giunge nelle mie storie; ci fu una precisa atmosfera, una atmosfera di cambiamento, una euforia e una superficie vuota. Ci furono molte possibilità e molte domande aperte. Che cosa ne sarà della nuova Germania riunita? Come diventerà Berlino? E come diventerà la generazione, che è ad un punto di svolta della sua vita e che deve ritrovarsi in un nuovo sistema?... Queste domande mi hanno occupata molto. Ma che mi hanno strappato la vita da sotto i piedi, non lo si può affermare

In "Sonja" menziona un paio di volte i turchi. Ad esempio: "Raccontai della Danimarca, dei ragazzi turchi nel cortile di casa…" - pag. 70 -
Non si può negare, che i turchi e la cultura turca soprattutto nella letteratura e nella cinematografia abbiano un forte influsso a Berlino. Qual è il tuo rapporto con loro?

Io sono cresciuta a Neukölln e questo è un distretto, che negli anni ottanta in modo sempre crescente è stato influenzato da culture differenti dei numerosi stranieri. Ho vissuto alla fine degli anni ottanta a Kreuzberg (quartiere famoso per la numerosa presenza di turchi). Adesso abito a Prenzlauer Berg (quartiere famoso per la sua vita culturale) e lì non vi sono molti stranieri e questo è un peccato. Adesso nel mio cortile di casa non ci sono più ragazzi turchi, che giocano a calcio …

Non sono soltanto i turchi, che hanno una forte influenza su Berlino, ma anche i russi. E guarda caso noi troviamo la Russia nel racconto "Coralli rossi". Quale il tuo rapporto con la Russia?

È un po' come un sogno, qualcosa di infantile. Non sono mai stata in Russia. È un mio grandissimo desiderio. Il Volga e tutte queste cose… nostalgia, in fin dei conti. (*Hai parenti russi?*)
Nooo…

Sin dal mio arrivo a Berlino (circa un mese), ho realmente compreso le tue storie. Voglio dire di aver "sentito", ciò di cui hai raccontato. Mi sono più volte detto: sì ciò che Judith Hermann ha scritto corrisponde a verità. Ogni volta che passeggio tra le strade di Berlino, penso ai tuoi racconti. Come vivi Berlino? Esattamente come la racconti, o diversamente? Hai pensato qualche volta di abitare altrove?

Sono molto attaccata a Berlino. Ho sempre sperato di poter andare in macchina lungo la "Unter den Linden" (una delle vie più famose…) e vederla con gli occhi di uno che è per la prima volta a Berlino. Ma non ci riesco ed è un peccato. Sono stata via solo una volta: mezzo anno a New York. Ho avuto moltissima nostalgia di casa, dell'Europa. E so anche, che se dovessi di nuovo partire, ritornerei di nuovo a Berlino. Non potrei abitare in nessun altra parte della Germania, anche se fossero Amburgo o Monaco. Mi mancherebbe immediatamente Berlino. Sono stata a Parigi e la trovo orrenda. Ciò che si trova a Berlino, che effettivamente non è bello, le cose incompiute e provvisorie, gli spazi vuoti, che in modo sorprendente ancora esistono, la scortesia dei berlinesi, il lungo inverno, mi piacciono, perché è da 35 anni, che vivo qui. Queste cose mi hanno forgiato. Più invecchio e più capisco il concetto di patria. Questa Alexanderplatz ad esempio, in tanti la trovano "molto Berlino" (È una piazza che corrisponde alle caratteristiche di Berlino finora enunciate da Judith Hermann. Dalle finestre del quinto piano del ristorante dove ci siamo incontrati, guardando in giù risaltano all'occhio i numerosi lavori non ancora portati a termine)...

"Dopo quella volta andammo quasi sempre in taxi. Per ogni percorso Stein aveva una musica diversa, Ween per le stradi statali, David Bowie per il centro storico, Bach per i vialoni, Trans-AM soltanto per l'autostrada..." (Dal racconto "casa estiva, più tardi").
In molti libri degli autori trentenni, la musica è molto importante, non soltanto in Germania, ma anche in Europa e negli Stati Uniti. Per esempio "High Fidelity" e "About a boy" di Nick Hornby. Mi puoi spiegare come la musica ha influenzato te e la tua generazione? Secondo il tuo parere, quale gruppo o cantante ha influenzato la "Generazione Golf"?

Non lo so, perché non so mai precisamente cosa sia una generazione e soprattutto la "Generazione Golf". Naturalmente dovrebbero essere gli autori nati negli anni settanta, ma io trovo difficile comprendere il concetto di generazione. Ho sempre cercato di sottrarmi. E non mi sento neanche di appartenere ad una. E che tipo di musica abbia influenzato la mia generazione, sempre se esiste, non lo so. Ascoltare musica, in determinate situazioni, significa avere qualcosa come una colonna sonora per la propria vita: si sale in auto con i propri amici e via si parte, si infila una cassetta nello stereo e poi nasce una certa sensazione. La musica trasporta una sensazione di vita. È come la musica per i film. È come se ci si sedesse di fronte al proprio film. E lo si può fare a lungo. Ma prima o poi termina. Adesso io non posso più farlo. È realmente passato. È il cambiamento di età, probabilmente. Oggi siedo in macchina e non ascolto più musica. Allora ho viaggiato lungo i viali di Ucker e ascoltavo Tom Waits e ho avuto la sensazione di non essere quella che ero. Ero un'altra. La musica e il rullare con la macchina ti sbarazzano per un breve periodo di tempo della tua propria identità. Io sono stata influenzata da Tom Waits e i Beatles. Quella è stata in ogni caso, la musica che io ho amato, e non era assolutamente attuale. Florian Illies direbbe forse, che nel 1986 sono stati i Depeche Mode. Questo, credo, non lo si può generalizzare. Ma da generalizzare è l'associazione della musica con la propria vita, che però non dura per sempre. Più si avanza con gli anni, più alcune cose terminano. Poi si ha un figlio e si è in ogni caso radicati, sempre più radicati. Poi si cessa di ascoltare musica, perlomeno nella maniera sopradescritta. Mi ricordo ancora del periodo quando vi era il walkman e si potevano sistemare le cuffie e gironzolare per la città, questa era anche un cambiamento di stato, o no? Ci si isolava dal mondo esterno con la musica e mentre si camminava lungo una strada, essa cambiava, era un'altra. Le persone, in cui ti imbattevi, erano differenti e tu andavi ad un altro passo, come non avresti mai fatto senza musica, ed era filmico. Ed io so, che, mentre scrivevo, qualche volta ho pensato: io potrei descrivere, com'è, sedere in un'auto, nella quale alcune volte ci si sdraia e rullare lungo un viale e sia a destra che a sinistra fioriscono i campi di grano e io potrei raccontare del profumo e dell'aspetto del cielo e della macchina e di come mi sento. Ma io posso anche semplicemente scrivere: "Noi rullavamo lungo questo viale e ascoltavamo Trans AM". E se si sa, come suonano i Trans AM, allora si sa anche, come è. Dunque era realmente facile, un "trucco". Raymond Carver ha detto una volta: "Non barare". In "casa estiva, più tardi" è "un bel baro".

L'unica domanda politica. Quando Papa Giovanni Paolo II è morto, la chiesa ha affermato, che senza di lui il Muro di Berlino non sarebbe caduto, o per lo meno sarebbe caduto molti anni dopo. Cosa ne pensi?

Detto onestamente, è estremamente imbarazzante. Io non ho ancora sentito questa dichiarazione. Mi stupisce. Mi vergogno un pò, perchè probabilmente è vero e io non l'ho notato. Non so, Berlino non è cattolica, questo è sicuro. Berlino è, se ancora lo è, protestante, ma oggi non mi sembra più. Io sono stata una volta, ad esempio, a Warschau e direi, che è una città veramente cattolica, e lo si nota dalla fisionomia della città e nelle chiese strapiene e nelle processioni domenicali, durante le quali i bambini vengono battezzati. Ma Berlino è una città, che può essere definita attraverso numerose altre cose, e non solo come cattolica o protestante, bensì piuttosto con la politica e la sua lacerazione e il tempo della sua divisione. Io sono cresciuta areligiosamente però ho sviluppato sin da bambina una forte inclinazione al cattolicesimo. Esso mi è molto vicino, e ciò dipende probabilmente dai suoi rituali. Quando sono in Italia e vedo, come la chiesa è legata alla vita di tutti i giorni, ciò mi colpisce. Mi augurerei che anche qui lo fosse alcune volte. Ma non lo è. Berlino non è una città cattolica.

Dopo LSD, i mozziconi di spinello, "essersi incamminati per viversi un tramonto allucinogeno", e l'estasi, che cosa ne sarà della "Generazione Golf". Come descriverà Judith Hermann la sua generazione, divenuta nel frattempo un po' più grande?

Questo è un qualcosa, che io naturalmente non posso ancora dire. Da una parte sarei felice, se lo sapessi, dall'altra desidero non saperlo affatto. Ho fatto una volta una bellissima conversazione con Günther Grass, che appartiene ad una generazione di scrittori politici (a differenza della generazione di scrittori a cui appartengo io, che non sono saliti sul podio politico e hanno compreso il ruolo dello scrittore fondamentalmente come non politico). Esiste una frase molto semplice: "Apolitico è anche politico", ed è vero. Grass, in questa conversazione, che girava attorno a questa questione e durante la quale mi sono vergognata per essermi dichiarata apolitica, mi disse: "Prima o poi lo diventerà. Non avrà scelta". Questo risuonò paternale e io penso che forse ha ragione. Se si rimane scrittori e la situazione politica cambia, e probabilmente cambierà inquietantemente, si salirà, lo si vuole oppure no, su un podio politico, che ora non si può concepire. Forse è un privilegio dei giovani, nati tra il 1970 -80, poter parlare in questi anni così. Sono stati anni che ci hanno risparmiato da tempi terribili. L'unico avvenimento storico di rilevanza, che è accaduto nella mia vita, è stato la caduta del Muro e questo è un avvenimento positivo, un momento storico felice. Forse ci saranno altri avvenimenti, che avranno un'influenza diretta sulla mia vita e allora scriverò probabilmente di altro. Io penso ad esempio all'undici settembre e a tutte queste cose. Allora mi posso chiedere: mi ha influenzato l'undici settembre? Sì e no. Io porto mio figlio a letto ogni sera e sono consapevole del fatto che egli crescerà in un mondo di pace e che dunque io non debbo aver paura. Questo mi sorprende ma mi riempie di gratitudine. E allo stesso tempo con perplessità mi chiedo, come va in un'altra parte del mondo.

Siamo giunti al termine dell'intervista, vuoi aggiungere qualche altra cosa?

Quando io ho preso il treno in Toscana per Roma, siamo passati in una zona relativamente poco abitata: villaggi abbandonati, esodo dalle campagne, stabilimenti industriali… e poi una casa dove vi era un grande graffito. Ed era più o meno: "Marta! Mi manchi". Nel desolato angolo del treno questa casetta mi apparve come un momento poetico. Questo sperduto villaggio e l'intera storia che vi è dietro, è ciò che ricordo, quando penso all'Italia. E questo è forse un bel ritorno all'inizio dell'intervista. Ossia le storie che non si devono cercare, ma che giungono semplicemente. Piuttosto anche sensazioni di un attimo dalle quali nasce un racconto intero. Questa frase, "tu mi manchi", e questa casa in rovina, in questo villaggio abbandonato, anche sedendo nel treno in movimento da un luogo ad un altro, ha generato qualcosa in me. Probabilmente semplicemente la nostalgia di un'altra vita. Ciò non lo dimenticherò facilmente. E più tardi confluirà in un altro racconto. C'è questo gruppo, che si chiamano i Puhdys. È un gruppo leggendario della DDR. Un grande e importante gruppo musicale, che ha scritto molti pezzi patetici e kitsch ma anche vigorosi. C'è un film molto celebre che si intitola "La leggenda di Paolo e Paola". È uno dei più bei film d'amore della DDR, se non uno dei più belli in assoluto. Un film DEFA degli anni settanta. La sceneggiatura e i testi musicali sono di Ulrich Plenzdorf e la musica dei Puhdys. C'è anche la frase della canzone "Vai da lei e fai volare il tuo aquilone". Io l'ho inserita nel racconto "Casa estiva, più tardi", per chiarire, che la casa in questione è nell'est, che questa è una casa che era nel territorio della DDR e che le persone, che hanno lasciato questo graffito, avevano un passato nella DDR. Doveva essere come un codice. O lo si riconosce e ci fa piacere, o non lo si riconosce, e allora rimane solo una frase. C'è anche una bella storia riguardo a questa canzone. Un mio amico mi ha detto, che è dovuto giungere all'età di vent'anni, per comprendere, ciò che realmente significhi: "vai da lei a fai volare il tuo aquilone". Aveva sempre capito, che un uomo andava da una donna e lasciava volare il suo aquilone. Aveva avuto bisogno di tantissimo tempo prima di comprendere, che era una metafora per l'amore. L'ho trovato fantastico.

Immagini della Berlino est

Foto in alto: Palazzo della Repubblica, aprile 1986, Fotografo: Peter Heinz Junge - Bundesarchiv, Bild 183-1986-0424-304 / Junge, Peter Heinz / CC-BY-SA 3.0

Foto in basso: sull'area dove si ergeva il Palazzo della Repubblica (terminato di demolire il 2008) si sta ricostruendo il castello di Berlino, che, danneggiato dai bombardamenti della seconda guerra mondiale, fu abbattuto nel 1950 dal governo della Repubblica Democratica, perché considerato un "simbolo del militarismo prussiano". Il progetto è stato affidato all'architetto italiano Franco Stella.

Foto: scattate nel 2006 a Kastanienallee, una delle vie più conosciuta dell'ex Berlino est, soprattutto per la presenza del Prater. Le immagini dimostrano l'incessabile processo di ricostruzione della metropoli.

28.12.1989: Il Muro di Berlino tra il Reichstag e la Porta di Brandeburgo - Autore: Superikonoskop / / CC BY-SA 3.0 - https://commons.wikimedia.org/wiki/File:Mauer_nahe_Reichstag.jpg.

La foto è una testimonianza di voglia di totale cancellazione di ogni traccia dell'odiato periodo della divisione. Esattamente come le immagini del Palazzo della Repubblica alla pagina precedente

Foto in basso a sinistra: nei dintorni di Alexanderplatz (2006). Oggi il luogo è irriconoscibile a causa della ricostruzione. Le immagini del lato destro sono state scattate anche nel 2006 a Kastanienallee.
La foto in basso a destra è inoltre una testimonianza di molti oggetti originali - scomparsi completamente a causa della gentrificazione -, che rendevano le strade della metropoli molto singolari e che colpivano immediatamente i visitatori.

Artiste a Berlino

Quando sarà infranto l'infinito servaggio della donna, quando ella vivrà per se stessa e grazie a se stessa, poiché l'uomo, - fino a oggi abominevole, - l'avrà congedata, la donna sarà poeta, anche lei! Troverà la sua parte d'ignoto! I suoi mondi d'idee saranno diversi dai nostri? – Ella troverà cose strane, insondabili, ripugnanti, deliziose; le prenderemo, le comprenderemo.[90]

Tra il 1871 e il 1945 c'erano nella sola Berlino più di 1000 scrittrici, già nel 1908 il 10 percento degli scrittori era una donna…[91]

Quando ho iniziato il mio lavoro su Berlino e Judith Hermann, mi ha sorpreso la numerosa presenza di donne che si dedicavano all'arte. Per caso ho scoperto che esiste il fenomeno delle cosiddette "Fräuleinwunder", ossia un folto numero di scrittrici le cui opere sono divenute dei veri e propri cult in Germania:

Le scrittrici, che attualmente destano scalpore nel mercato della letteratura di lingua tedesca, hanno tra i 25 e i 45 anni, hanno appena presentato i loro considerevoli debutti o dimostrato il loro talento in più libri. Appartengono alla generazione più giovane delle scrittrici e pongono nuovi accenti letterari. "Traggono piacere in nuove storie – e non hanno nessuna paura di cliché e di grandi emozioni", constata il critico letterario Volker Hage nello "Spiegel" … Nella primavera 1999 si discute il concetto "Fräuleinwunder". In considerazione erano soprattutto quelle scrittrici come Judith Hermann e Julia Franck, che avevano appena pubblicato i loro libri. Improvvisamente si parlava di tutte loro, di quelle donne che non sono solo attrattive, bensì possono anche scrivere bene…[92]

La maggior parte di esse, però, è riuscita ad imporsi e a "trovarsi" come scrittrice, in quanto si è trasferita a Berlino e ha fatto incetta della libertà e del clima culturale della città. Berlino, infatti, non è mai stata conservatrice: se si "spulcia" nella sua storia, si nota che l'indipendenza economica ed intellettuale delle donne era già

90 Dalla l*ettera di Arthur Rimbaud a Paul Denemy*; Charleville, 15. Maggio 1871 (traduzione di Diana Grange Fiori) in: *Rimbaud – Opere,* Oscar Mondadori, Milano, 1992, pag. 456 – 457.

91 Birgit Haustedt, *Die wilden Jahre in Berlin – Eine Klatsch- und Kulturgeschichte der Frauen*, edition ebersbach, Berlino, 2002, pag. 120

92 Wiebke Eden, *Keine Angst vor großen Gefühlen, Schriftstellerin – ein Beruf, Elf Porträts,* Fischer, Frankfurt am Main, März, pag. 9-10

iniziata a partire dagli anni venti. Quelle che si recavano nella capitale – e qui non mi riferisco solo alle tedesche, ma anche alle straniere – lo facevano ad un solo scopo: raggiungere la propria emancipazione.

Ecco come una turca, **Rebia Tevfik Başokçu**, racconta di come fosse riuscita a divenire una modista famosa, quando ancora oggi molte sue connazionali, sin dalla nascita, non hanno alcun potere decisionale su stesse, come ad esempio scegliersi il proprio marito:

> *... Era consequenziale, che la giovane ottomana a Parigi, che, dopo il fallimento dei suoi progetti matrimoniali, prevedeva un futuro incerto, improvvisamente, un giorno, decise di cercare la sua felicità in incognito a Berlino: ... "Una mattina, quando io aprii gli occhi, era, come se qualcuno mi sussurrasse nell'orecchio: vai a Berlino ... A Berlino non mi conosce nessuno. Se io posso lavorare lì e guadagnarmi il mio stipendio, sono per sempre libera ... Io odio le donne deboli, che aspettano tutto dagli altri e si aggrappano alla famiglia e al marito. O riesco ad occuparmi di me stessa oppure muoio"...*[93]

Troviamo conferma di questo clima liberale anche nell'affermazione di **Charlotte Wolff**, scrittrice e medico, che ha avuto il coraggio di trascrivere le sue esperienze omosessuali (affermare il diritto alla sessualità e ai piaceri della vita, era un altro modo di dichiarare l'indipendenza e la dignità di donna) nel libro *Augenblicke verändern uns mehr als die Zeit*:

> *La città aveva un particolare fascino per la sua tolleranza, che attirava gli outsider politico-progressisti e anche sessuali ... Ciò che io volevo sperimentare e apprendere erano amore, piacere, sapere e amicizie strette...*[94]

Naturalmente, la testimonianza che Berlino sia ancora adesso il luogo adatto per le artiste la ritroviamo più che mai anche oggi. Ecco cosa si legge nel libro *Keine Angst vor großen Gefühlen, Schriftstellerin – ein Beruf, Elf Porträts* della Wiebke Eden:

> *Se sullo schermo del computer sembrano non apparire più le parole giuste, ti aiuta l'ambiente:*

93 Rebia Tevfik Başokçu, *Avrupada Yirmi Senem Nasil Geçti*, Instanbul, 1942, pag.95-96. Citato nel libro: Ingeborg Böer, Ruth Haerkötter, Petra Kappert, *Türken in Berlin 1871-1945 – Eine Metropole in den Erinnerungen osmanischer und türkischer Zeitzeugen*, de Gruyter, Berlin · New York, 2002, pag. 209

94 Birgit Haustedt, *Die wilden Jahre in Berlin – Eine Klatsch- und Kulturgeschichte der Frauen*, edition ebersbach, Berlino, 2002, pag. 75

fino ad oggi, l'autrice vive a Berlino. Che così molte giovani scrittrici si sentano a casa nella pulsante metropoli, non meraviglia Julia Franck...[95]

Prima di parlare brevemente di alcune artiste interessanti della Berlino degli anni novanta e concentrare il mio discorso particolarmente sulle scrittrici (nel paragrafo a parte: "Fräuleinwunder"), mi limito ad accennare a quelle artiste, che hanno avuto un ruolo fondamentale nella Berlino degli anni venti. Esse hanno contribuito all'emancipazione culturale ed economica delle donne, che fu interrotta soltanto con l'avvento del nazismo, ma che riprese, con vigore, immediatamente dopo la fine della seconda guerra mondiale (basti pensare all'apporto delle "Trümmerfrauen"[96] nella ricostruzione della metropoli).

ARTISTE A BERLINO DEGLI ANNI VENTI

La prima grande scrittrice di successo di lingua tedesca fu Vicki Baum, nata nel 1888 a Vienna. Non solo scrisse romanzi, le cui copie andarono a ruba, ma fu anche redattrice di Berliner Illustrierte Zeitung, Der Uhu, Die Dame; ebbe una vita piena di avventure e non rinunciò mai alle sue passioni, per timore della società maschilista:

Quando la Paramount, le offre nel 1932 un contratto ben retribuito come scrittrice di film, lei dà una risposta positiva, nonostante le proteste del marito...[97]

Fece della boxe, lo sport più praticato dell'epoca, ma considerato per soli uomini. Nel 1931 visitò New York, poi diede alle stampe *Menschen im Hotel* che ebbe un successo internazionale (di lei parlerà il New York Times).

Ruth Landshoff fu una bellissima ragazza, quando entrava nel Romanisches Café tutti le facevano la corte. Però lei, invece di essere la protagonista di un racconto di un uomo o il ritratto di un pittore, decise di essere la scrittrice di un racconto o la pittrice di un quadro ("Invece di posare come modella, Ruth Landshoff preferiva

95 Wiebke Eden, *Keine Angst vor großen Gefühlen, Schriftstellerin – ein Beruf*, Elf Porträts, Fischer, Frankfurt am Main, März, pag. 47

96 Questo termine significa "donne delle macerie". Le venne dato questo nomignolo per aver liberato Berlino dalla macerie causate durante il secondo conflitto mondiale

97 Birgit Haustedt, *Die wilden Jahre in Berlin – Eine Klatsch- und Kulturgeschichte der Frauen*, edition ebersbach, Berlino, 2002, pag. 128

dipingere se stessa"[98]). Girò dei film, compreso uno con Marlene Dietrich. Scrisse e disegnò parecchio ma la sua carriera artistica fu interrotta brutalmente dai nazisti (era ebrea).

Molte donne divennero celebri per i loro balletti con nudi artistici e la novità fu che non si spogliarono solo per il piacere degli uomini, ma anche per il proprio.

Anita Beber fu la più famosa di esse. Diede più volte scandalo in città, ma il suo apporto fu decisivo nell'abbattere tutti quei tabù che avevano relegato le donne a mamme felici e padrone del focolare; angeli domestici dall'anima pura, incapaci di commettere qualsiasi sorta di cattiveria o peccato. Sempre nel libro di Birgit Haustedt si può leggere l'episodio, a parer mio comico, della prima volta che l'attore Hubert von Meyerinck, vide la Berber:

La Berber mormorava in questa pomposa sala da pranzo, dove un illustre circolo cenava. Indossava una costosa pelliccia di visone e scarpe d'oro con tacchi alti, ma senza calze, cosa che allora era inconsueta. Si sedette con i suoi accompagnatori ad un tavolo. I suoi capelli luccicavano di un rosso infernale. "Maître", chiamò, "per favore tre bottiglie di champagne Veuve Cliquot". E allora accadde. Gingillò con il suo collo – e poi cadde la pelliccia. Un grido generale soffocato – lei sedeva lì completamente nuda. Gli ospiti guardavano come impietriti ai loro tavoli, soltanto la vecchia principessa Clothilde, una donna piena di umore, disse con un tono molto alto al suo consorte: "Mi sbaglio, Eberhard, è questa dama nuda oppure ho le allucinazioni?". "Non ti sbagli, Clothilde, è nuda", disse lui e fissò nel suo monocolo ridendo sotto i baffi…[99]

Betty Stern fu una di quelle figure tipiche dell'epoca (come dimenticare la Stein della Generazione Perduta di Parigi!!!), grazie al salotto delle quali, divennero celebri tantissimi personaggi.

La cultura, allora passava per il Romanisches Café dove le donne, però, non avevano ancora nessuna influenza, tutte tranne una: **Else Lasker-Schüler**, che con Herwarth aveva fondato la rivista letteraria *Der Sturm*, con la quale non solo scoprirà e promuoverà tantissimi talenti artistici, ma lei stessa scriverà poesie, racconti, saggi e pubblicherà disegni:

… *Else e Herwarth siedono semplicemente ad un tavolino. Ideano una rivista, che rivoluziona*

98 Ibidem, pag. 149

99 Ibidem, pag. 27

il mondo dell'arte. Nel 1910 vede la luce Der Sturm, con una prima tiratura di 30.000 esemplari. Nei successivi vent'anni è la più importante rivista di arte e letteratura moderna in Germania. Herwarth Walden è ufficialmente l'editore, ma senza Else non funziona niente. Else scopre la bellezza selvaggia dell'arte espressionista ... conquista i migliori pittori e poeti espressionisti per la sua rivista, molto tempo prima di diventare famosi: Oskar Kokoschka, Jakob von Hoddis, Georg Heym, George Trakl, Frank Marc e tanti altri...[100]

E sebbene il Romanisches Café fosse un locale soprattutto per uomini, venne reso celebre da Else. Infatti il proprietario del Café des Westens, dove lei e Herwarth, nel 1910, progettarono *Der Sturm*, la buttò fuori.

E lei, invece di deprimersi, fece nascere la leggenda del sopracitato caffè:

... Else si trasferisce nel Romanisches Café, che ha il fascino di una sala d'attesa di una stazione, ma il padrone è intelligente; qui ci si può sedere per dodici ore con un'unica tazza di caffè. L'intera clientela abituale di artisti del Cafés des Westens segue Else ... Il Romanisches Café diviene il caffè più famoso di Berlino...[101]

Di **Marlene Dietrich** e **Leni Riefenstahl**, che rappresentano l'ideale femminile di cui finora ho parlato, non dirò niente, visto che si sa già quasi tutto di loro ma cito brevemente alcune artiste della Berlino degli anni novanta.

ARTISTE A BERLINO DEGLI ANNI NOVANTA

Candide Breitz, nata nel 1972 a Johannesburg, si è trasferita a Berlino dopo aver frequentato la "University of Chicago" a Chicago e la "Columbia University" a New York, cimentandosi con differenti forme artistiche, fra le quali fotografia e cinema, per sferrare la sua critica alla cultura globalizzata.

Anche **Tacita Dean**, nata nel 1965 a Canterbury, ha preso la decisione di trasferirsi a Berlino, dove il suo primo progetto riguarda la Torre della Televisione, uno dei simboli della città più utilizzati nelle opere artistiche:

Il primo progetto, che Dean ha realizzato a Berlino, era dedicato alla Torre della Televisione. L'artista ha detto a proposito: la Torre della Televisione è divenuta il faro del mio orizzonte

100 Ibidem, pag. 57-58

101 Ibidem, pag. 61

berlinese...[102]

Nei suoi lavori confluiscono fotografia, film e disegni che hanno una trama narrativa, come ad esempio uomini nel processo delle loro attività.

Anche per **Cornelia Renz**, nata il 1966 a Kaufbereuen, è Berlino "Il luogo ideale per l'espressività artistica e per le provocazioni"[103]. Le sue opere vanno direttamente al sodo, ossia all'affermazione delle donne:

> *La maggior parte dei suoi dipinti consiste nella rappresentazione di elementi grafici: sono diretti, spesso in modo duro e provocatorio. Trattano di vendetta femminile e di scambio di ruoli...*[104]

Yehudit Sasportas, nata nel 1969 ad Ashdod, i cui lavori sono costituiti in maggioranza di disegni di paesaggi, ha trovato in Berlino il luogo ideale, dove crescere artisticamente ("È stato importante per me, venire qui e lavorarci. Penso che sia specifico per Berlino ..."[105]) e dove hanno avuto un ruolo importantissimo le galleriste ("Molte delle donne, che gestiscono le gallerie, sono divenute elle stesse star della scena"...[106]).

Tanja Ries è stata una protagonista degli anni novanta a Berlino, che dividendosi tra il lavoro di cameriera e modella, è divenuta famosa come cantante di Chanson.

Britt Kanja ha lavorato come ballerina ed attrice, ed è divenuta leggendaria tra il popolo dei club berlinesi; originali sono i suoi inviti scritti a mano.

Qui ho citato solo alcune delle personalità femminili che hanno inciso nella vita culturale di Berlino, molte altre si possono riscontrare in altri miei capitoli.

FRÄULEINWUNDER

Jenny Erpenbeck, nata il 1967 a Berlino est, fa parte degli scrittori "Zonenkinder" (di quei ragazzi che da un giorno all'altro si sono ritrovati senza una patria). Jenny,

102 Mark Gisbourn, Ulf Meyer zu Küingdorf, Jim Rakete, *Kunst Station Berlin,* Knesebeck, München, 2006, pag. 53

103 Ibidem, pag. 150

104 Ibidem, pag. 150

105 Ibidem, pag. 170

106 Dall'articolo: *Berlin ist ungemütlicher, aber lebendiger – Ein Gespräch mit Barbara Thumm,* in: Hans-Jörg Clement, *Szene Berlin – Ein Kultur-Lesebuch*, Bostelmann & Siebenhaar, Berlin, 2003, pag. 56

come quasi tutti gli artisti abita a Prenzlauer Berg. Da bambina è cresciuta a Pankow, in una di quelle strade che venivano divise dal Muro. Figlia di genitori e nonni d'arte ha iniziato a scrivere presto. All'università ha intrapreso dapprima il teatro e poi l'opera. Il suo primo libro si intitola *Geschichte vom alten Kind* e presenta tutte le tematiche già affrontate dei "Zonenkinder", ossia voglia di non diventare adulti e ricerca di una identità:

> *La "Storia della vecchia bambina" ha molte tematiche: il rifiuto di crescere, il doloroso processo di cambio dal passato, la nostalgia di sicurezza, l'inutilità del tentativo di conservare il tempo, la ricerca di identità ... "Le persone, che ancora hanno nitidi ricordi dell'esistenza della DDR, muoiono con la mia generazione"...*[107]

Altri libri che ha ultimamente scritto: *Katzen haben sieben Leben* e *Tanz*.

Zoë Jenny, nata il 1974 a Basel, aveva solo ventiquattro anni quando il suo primo romanzo *Das Blütenstaubzimmer* fu pubblicato. Attualmente si divide tra la sua città natale e New York. Suo padre è un editore. E per quanto riguarda la sua attività di scrittrice ha dichiarato a Wiebke Eden:

> *"Io ho un legame esistenziale con la scrittura.", dice lei, "Scrivere è la mia vita. Questo è tutto".*[108]

Ha lavorato come modella, perché oltre ad essere intelligente è anche bella e con un forte bisogno di indipendenza. Ha avuto un fortissimo consenso di pubblico e critica, basti pensare che *Blütenstaubzimmer* è stato al primo posto di vendita in Cina. Un suo rammarico è la mancanza di donne tra gli editori, "Io ho a che fare con 23 editori e nessuna editrice"[109]. Ha scritto un interessante romanzo, *Ein schnelles Leben*, ambientato a Berlino, che tratta del difficile rapporto tra i turchi e i neonazisti.

Katrin Röggla è nata il 1971 a Salzburg. Per i suoi libri ha ricevuto immediatamente una critica entusiastica, soprattutto per *Irres Wetter*, in cui ci narra dei giovani nella giovane capitale tedesca, la velocità dei cambiamenti e i suoi nuovi simboli come la "Love Parade".

Berlino, dove si è trasferita e dove ha vinto nel 1993 il Talentenförderer-

107 Wiebke Eden, *Keine Angst vor großen Gefühlen, Schriftstellerin – ein Beruf*, Elf Porträts, Fischer, Frankfurt am Main, 2003, pag. 26-27

108 Ibidem, pag. 83-84

109 Ibidem, pag. 93

Literaturwettbewerb "Open Mike", l'ha influenzata e le è piaciuta molto:

Dunque Berlino. Berlino le piacque molto, perché era lacerata, aperta, piena di nicchie ... Una città totalmente differente da come è oggi...[110]

Nel 1995 uscì "Niemand lacht rückwärts". Scenari metropolitani, in un rapporto critico con il consumo capitalistico. Dopo aver lasciato l'Austria, Kathrin Röggla abitò dapprima a Berlin-Steglitz, vicino ad un grande magazzino. Ella visse "il superficiale capitalismo puro" e ne fu scioccata come affascinata: persone di fretta tenevano delle buste fruscianti e strapiene...[111]

Steglitz è un quartiere del "dorato ovest", dove risaltano due centri commerciali enormi.

Julia Franck è nata il 1970 a Berlino est. Quando aveva otto anni fu concesso alla sua famiglia di trasferirsi nella Repubblica Federale. All'inizio furono accolte in un campo profughi. Queste dure esperienze si riflettono in quello che per me è il capolavoro della scrittrice: *Lagerfeuer.* Anche lei dichiara a Wiebke Eden:

Della scrittura me ne sono impossessata sin dall'inizio come espressione del mio personale stato. Scrivere era, anche se questo suona kitsch, una necessità interiore...[112]

Dopo aver conseguito la maturità ed aver intrapreso la carriera universitaria (in Legge), ha interrotto gli studi per viaggiare, dapprima si è trasferita a San Francisco e poi ha visitato Messico e Guatemala. Al ritorno in patria e con la conoscenza dello spagnolo e inglese, si è riscritta ai corsi di Americanistica, Filosofia e Letteratura. Ha iniziato tre romanzi, che sono rimasti incompiuti. Nel 1995 ha vinto il primo premio della Berliner LiteraturWERKstatt, che l'hanno spinta a mandare tre racconti agli editori, i quali l'hanno invogliata a spedire altro materiale: è così che ha scritto il suo primo romanzo *Der neue Koch.* A farla conoscere al grande pubblico è stato *Liebediener.* Ciò che mi interessa dei suoi libri sono le forti personalità femminili. In *Bauchlandung – Geschichten zum Anfassen*, la sua terza pubblicazione, parla di racconti erotici da un punto di vista femminile, le cui eroine dichiarano la libertà di espressione sessuale, soffocata da un mondo maschilista:

110 Ibidem, pag. 164

111 Ibidem, pag. 166

112 Ibidem, pag. 35

La raccolta di racconti "Bauchlandung ", il terzo libro di Julia Franck, che rafforzò ancora di più la sua posizione letteraria, si dedica, tra le altre cose alla sensualità di donne desiderose. Il paradisiaco lo vogliono solo con il sesso[113] *(...) Le "Geschichten zum Anfassen", che vengono narrate da una prospettiva femminile, trattano di desiderio spontaneo e momentaneo...*[114]

"Questa è abitudine", dice lei, "l'abitudine, di leggere centinaia di libri di uomini e vivere gli uomini nei libri come soggetti in azione, sia esso il "Werther", l'"Homo faber" o "Felix Krull". Adesso i soggetti in azione sono sempre più spesso femminili...[115]

Ha ricevuto in seguito premi prestigiosi come il 3sat des Ingeborg-Bachmann-Wettbewerbs nel 2000 e il Marie-Luise-Kaschnitz-Preis nel 2004. Nel 2005 ha vissuto come borsista nella Villa Massimo a Roma.

I racconti di Franck sono legati a Berlino. Essi ci lasciano respirare l'atmosfera della città. Sia in *Bauchlandung* che in *Lieberdiener* viene citata Kastanienallee, una delle vie più conosciute di Prezlauer Berg. *Bäuchlins* il primo racconto breve di *Bauchlandung* inizia così:

Io mi inginocchio sul parquet davanti al divano e osservo Luise come dorme ... Fuori Zionskirchplatz senza traffico, anche dalla Kastanienallee giungono pochi rumori...[116]

In questo racconto breve la narratrice ci racconta di sua sorella Luise e di un certo Olek, che viene a farle visita di mattino presto. La narratrice non vuole svegliarla per non disturbarla e inizia così un gioco erotico tra Olek e lei. Nel breve estratto, che io cito qui sotto, si può notare la capacità della Franck di descrivere un'esperienza erotica da un punto di vista femminile, senza nessuna vergogna o pudori:

... [Olek] mi guarda in giù, le mie gambe nude e chiede: "Indossi qualcosa sotto il vestito?". Istintivamente mi guardo in giù, le mie gambe nude, che luccicano, i piedi nudi nelle scarpe di Luise. Forse il mio vestito è trasparente? Debbo pensare: Che cosa gli viene in mente? E: Con uno così si diverte Luise? Luise? E lei? Indossa qualcosa sotto i suoi abiti? [117] *(...) Io vado al*

113 Ibidem, pag. 33-34

114 Ibidem, pag. 44

115 Ibidem, pag. 45-46

116 Racconto *Bäuchlins* di Julia Franck in: Julia Franck, *Bauchlandung - Geschichten zum Anfassen*, dtv, München, 2002, pag. 7

117 Ibidem, pag. 13

lavello, apro il rubinetto e bevo. "E tu?", gli chiedo ... Olek viene da me al lavello, si stringe talmente vicino a me, che non posso più girarmi verso di lui e poggia il palmo della mano aperta sui miei fianchi ... Io mi immagino come si mette dietro a Luise, come le sue mani scivolano giù, come spinge fortemente tra le sue cosce, come preme verso di lei e le sollevi il suo abito e spinge in lei, mentre i suoi seni pendono sul lavandino ... "No", mi risponde, "Io, no", e sento fugacemente la sua eccitazione, egli cerca il mio sedere, quando io odo la porta della cucina – io so, che lui sotto i pantaloni è nudo – e guardo di lato, scorgo Luise che sta davanti a noi...[118]

Il capolavoro della Franck per me è *Lagerfeuer*, che riflette le esperienze vissute dalla scrittrice da bambina, quando trascorse i primi tempi nella Repubblica Federale Tedesca in un centro di prima accoglienza. Il linguaggio è diretto e molto forte e presenta una delle tematiche più frequenti nella letteratura in Germania degli ultimi anni: la differenza tra gli abitanti della Germania orientale e quella occidentale. Questa divenne evidente soprattutto per coloro che avevano ottenuto il permesso di espatrio dal governo della RDT e si trovarono a fare i conti con il sistema capitalistico. Gli inizi furono per loro difficili e scioccanti:

Nel frattempo avevo notato, che nessuno dei miei bambini aveva stretto amicizia o che fossero stati invitati almeno una volta ad una festa di compleanno di altri bambini. Katja affermava, che la colpa era di quella bamboletta bionda, che lei non possedeva, ed anche perché non indossava abiti adatti ... Aleksej, invece, era venuto una volta a casa e casualmente aveva raccontato, che il suo compagno di banco Olivier gli aveva spiegato perché non poteva invitarlo al suo compleanno: per due differenti motivi; uno perché i bambini dei centri di prima accoglienza non portavano mai i regali giusti, o soldi, secondo perché gli altri si sarebbero meravigliati, per averlo invitato...[119]

Un'altra giovane ed elogiata scrittrice è **Ricarda Junge** (nata il 1979 a Wiesbaden) che è divenuta celebre con il suo libro di racconti brevi, *Silberfaden*, dove ci narra di avventure avvenute a Berlino, New York, Leipzig, Krakau, etc., il suo linguaggio è semplice e diretto. Le frasi, di solito, sono brevi. Le sue tematiche sono quelle della "Generation Golf", ma anche lei traccia un tipo di donna, differente da quello del passato. Nella storia *Barenberg* i ruoli uomo/donna si ribaltano, con la donna che diventa cacciatrice e l'uomo la preda. È lui a rifiutarsi perché non può fare sesso con

118 Ibidem, pag. 14-15

119 Julia Franck, *Lagerfeuer*, dtv, München, 2005, pag. 171

una persona che non ama e si addormenta:

> *Dopo averci bevuto una bottiglia di vino, Barenberg iniziò a comportarsi realmente in modo sciocco. Disse che ero una donna bella, la mia voce era ciò che gli piaceva di più … Si tolse i jeans, perché gli davano fastidio, si sedette davanti al letto con le gambe pelose in boxer a pois e cantò "Imagine" di John Lennon nella bottiglia vuota … disse che lui non mi amava e quindi non poteva andare al letto con me … Barenberg!, gridai. Barenberg, maledetto bastardo, segaiolo, ragazzina! Non sentiva niente. Dormiva come un morto …* [120]

Nel racconto *Ostwärts*, che è ambientato a Berlino, Leipzig e Krakau, risalta l'idealizzazione di Miriam, amica della narratrice, della capitale tedesca:

> *Miriam indossava giacca a vento con cappuccio e portava una valigia con sé. La valigia le si rovesciò di lato, si affaticò a rialzarla. Poi la mise sotto la pensilina di lamiera ondulata dell'edificio delle aule universitarie. Sulla valigia vi era attaccato un adesivo bianco e allungato con la scritta: "Amo Berlino"…* [121]

Tanja Dückers è nata nel 1968 a Berlino est. Ha viaggiato moltissimo grazie alle numerose borse di studio. È stata in diverse città fra le quali Barcellona, Praga, Cracovia e Los Angeles. Vi sono numerose sue pubblicazioni, il suo romanzo più conosciuto è *Spielzone*, un cult sulla vita notturna a Berlino negli anni novanta. Il libro si divide in due capitoli: il primo ha luogo in Thomasstraße e il secondo in Sonnenburger Straße. Entrambe le vie si trovano a Berlino, ma mentre la prima fa parte del quartiere di Neukölln, un posto noioso dove non accade nulla, anzi un po' pericoloso per la presenza di Pittbull e disagio sociale, la seconda fa parte di Prenzlauer Berg, il centro culturale della città, famosa per le feste notturne. Anche Tanja cita Kastanienallee:

> *… La Sonnenburger, la Schönhauser, la Kastanienallee, una meravigliosa zona grigia, non più est, non ancora ovest, dunque il posto giusto per sperimentare se stessi…* [122]

Tanja ci descrive, senza pudori, un rapporto a tre: due uomini e una donna. Il

120 Racconto *Barenberg* di Ricarda Junge in: Ricarda Junge, *Silberfaden*, Fischer, Frankfurt am Main, 2003, pag. 29-30

121 Racconto *Ostwärts* di Ricarda Junge in: Ibidem, pag. 65

122 Tanja Dückers, *Spielzone*, AtV, Berlin, 2005, pag. 108

linguaggio è diretto. I suoi protagonisti sono giovani, hanno voglia di sperimentare e Berlino gliene offre la possibilità.

Alexa Hennig von Lange è nata a Hannover nel 1973 e lavora come scrittrice. Nel 2000 è stato pubblicato *Mai 3D. Ein Tagebuchroman*, scritto in collaborazione con Daniel Haaksmann e Till Müller-Klug, nel quale si descrive la scena culturale berlinese.

Ci sono altre scrittrici di rilievo, che citerò però nel capitolo sui turchi.

La scrittrice Jenny Erpenbeck

Turchi a Berlino

Per non perdersi in ripetizioni, l'autore richiama l'attenzione sulla corrente letteraria turco-berlinese, attualmente molto importante. Si lascia mostrare la città dai conoscitori della Berlino contemporanea…[123]

Come sono belle le notti a Berlino, quando nevica. Ha un cuore bianco Berlino, i bambini non gelano, il freddo è per loro come una fiaba d'inverno. Nelle birrerie la testa mi gira con della calda vodka…[124]

La numerosa presenza dei turchi a Berlino ha delle radici storiche, che risalgono addirittura a trecento anni fa:

L'inizio dei rapporti diplomatici, a partire dal diciottesimo secolo, si riflesse in una vera e propria moda turca nella società occidentale. "Mangiare datteri appartiene al buon ambiente di Berlino, e i damerini si pongono un turbante sul capo", è una frase di Federico II … Nella letteratura e nel teatro i turchi divennero "la quintessenza della saggezza e del buono", anche "proiezione di fantasie esotiche" o metafora politica. Nell'arte, architettura, moda e scienza divennero i turchi-osmanici percettibili …[125]

I turchi hanno influito molto sulla cultura della capitale tedesca, hanno lasciato tracce nella letteratura, politica, moda, economia, etc. ed esattamente come tutti gli altri, una volta a Berlino, ne hanno vissuto il presente e ne hanno lasciato testimonianza scritta (altro modo per conoscere il passato di questa metropoli che, come abbiamo detto, ha perso molto del suo patrimonio storico). Esattamente come ci fa notare il medico e poeta Cenab Şahabeddin:

Effettivamente Berlino è cambiata, cambia e continuerà a cambiare molto, senza dubbio: perché è giovane. Chi cerca in una città il passato, allora Berlino non piacerà …[126]

123 Ingeborg Böer, Ruth Haerkötter, Petra Kappert, *Türken in Berlin 1871 – 1945; Eine Metropole in den Erinnerungen osmanischer und türkischen Zeitzeugen*, de Gruyter, Berlin · New York, 2002, pag. 266

124 Emine Sevgi Özdamar, *Seltsame Sterne starren zur Erde*, KiWi, Köln, 2004, pag. 104

125 Ingeborg Böer, Ruth Haerkötter, Petra Kappert, *Türken in Berlin 1871 – 1945; Eine Metropole in den Erinnerungen osmanischer und türkischen Zeitzeugen*, de Gruyter, Berlin · New York, 2002, pag. 4

126 Ibidem, pag. 170

Analizzando alcuni scritti turchi a partire dagli anni venti, mi sono reso conto che possiamo ripercorrere tutte le tappe storiche più importanti di Berlino, dai dorati anni venti alla presa del potere dei nazisti, ai bombardamenti, al Muro, fino ai giorni nostri. Lasciando parlare soprattutto i testi degli autori, darò un assaggio di queste testimonianze storiche. Nel 1919 era già presente una comunità di turchi, costituita soprattutto da studenti:

Questa flotta di studenti, che si godette i divertimenti della metropoli, si diede da fare anche nel leggendario Türkischer Club, punto di incontro e patria dei turchi a Berlino, alloggiato allora al primo piano di un edificio all'angolo tra Bleibtreustraße e Kurfürstendamm...[127]

Sabahattin Ali è uno di quei studenti che avevano ricevuto una borsa di studio per la capitale tedesca. Ali diventerà uno scrittore e ambienterà due suoi racconti a Berlino: *Die Madonna im Pelzmantel* e *Die Schönheit von Kostanza*. In *Die Madonna im Pelzmantel* ci narra dello studente turco Raif che si innamora della pittrice, mezza ebrea, Maria. Nella trama riusciamo a cogliere l'atmosfera inebriante dei dorati anni venti. Inoltre fa una buona descrizione del Romanisches Café, il caffè più famoso degli anni venti. Ma ciò che più mi preme dire è che anche gli uomini turchi, che vivono l'atmosfera di libertà e indipendenza di Berlino, desiderano delle donne emancipate:

Sabattin Ali, che fu a favore "dell'uguaglianza e libertà" nell'amore e nella relazione e contro l'oppressione della donna, riuscì, con il racconto Madonna im Pelzmantel, a mostrare un nuovo tipo di donna...[128]

Niyazi Berkes è un testimone del primo manifestarsi dei nazisti:

Una mattina, non ricordo se molto presto o tardi, diedi un'occhiata alla sala da pranzo e la trovai vuota. Mi sedetti ad un tavolo dell'altra parte della sala, avevo già ordinato la colazione, quando improvvisamente entrò un uomo che a squarciagola gridò: "Heil Hitler"...[129]

La cantante **Saadet İkesus** è spettatrice della "notte dei cristalli":

127 Ibidem, pag. 313

128 Ibidem, 2002, pag. 232

129 Ibidem, pag. 256

... Lavoravo nella mia camera, quando la proprietaria dell'appartamento entrò. I suoi occhi erano arrossati, e io le chiesi perché aveva pianto. Era ebrea, e suo marito e suo figlio erano andati avanti e indietro con la macchina per non essere presi. Le SS avevano assaltato i negozi e arrestato i proprietari, tra gli altri anche i proprietari della lavanderia per signore Neumann, dove lavorava suo figlio. Entrambe eravamo esterrefatte. Era la notte dei cristalli, come sarebbe stata chiamata in seguito. La padrona di casa indicò una cassettina di metallo nelle sue mani e disse: "In questa cassettina ci sono tutti i nostri oggetti di valore. La prego di conservarla per noi. Perquisiscono le case..."[130]

M. Turhan Tan, uno scrittore turco di romanzi storici di successo e insegnante di geografia, storia e letteratura, ha assistito al giubileo di un consolidato regime hitleriano:

Nei giorni della mia permanenza in Germania si percepiva l'eccitazione per l'annessione dell'Austria, nei cuori e per le strade. Io stesso ho celebrato il rumoroso entusiastico pulsare, l'uniforme, armonica pulsazione di diecimila cervelli berlinesi, che ascoltavano attentamente i tre lunghi discorsi del Führer. Diecimila erano divenuti "uno", e da tutti i cuori si sollevava un'unica voce...[131]

H. Kuraoğlu ha vissuto l'ultimo anno di guerra in città e ci ha descritto quei terribili e tragici giorni:

Non credo di esagerare, quando dico che per 200 grammi di caffè si aveva in cambio una bicicletta, una macchina fotografica...[132] *(...) Il maledetto scoppio delle bombe, il violento vacillare degli edifici come con un terremoto e infine fuochi e incendi snervavano fortemente. Alcuni svenivano o impazzivano. Persone che avevano perso il giudizio, correvano fuori dalla cantina sulla strada, dove un terribile destino li aspettava. Bombe incendiarie che cadevano sui sentieri e strade di legno e asfalto, facevano fondere l'asfalto, così che la strada bruciava in tutta la sua lunghezza e si trasformava in un fiume di fuoco e fiamme...*[133]

Prima della Seconda Guerra Mondiale, i turchi che si recarono a Berlino, lo

130 Ibidem, pag. 319

131 Ibidem, pag. 266

132 Ibidem, pag. 298

133 Ibidem, pag. 299

fecero come studenti, artisti, turisti, etc.. A partire dagli anni sessanta, dopo il conflitto, giunsero come immigrati a causa della povertà della loro patria. Erano alla disperata ricerca di posti di lavoro e dovevano mantenere famiglie numerose. Molti dei loro figli, però, riuscirono a riscattare le povere condizioni sociali. Berlino offrì loro numerose possibilità soprattutto a livello artistico:

> *Durante l'ondata migratoria degli anni sessanta il numero dei turchi è aumentato. Circa 2 milioni di immigranti della Turchia vive in Germania, 140.000 dei quali a Berlino ... All'inizio erano "lavoratori ospiti". Per questo gli fu offerta una florida carriera: "da contadino a lavoratore retribuito in fabbrica!"...*[134]

> *Nel luglio 1965, dopo tre giorni e tre notti, in un treno straordinario pieno di gente, mia madre giunse, più morta che viva, assieme al figlio di sette mesi, alla stazione centrale di Monaco ... poche ore più tardi la famiglia sedeva in uno dei tanti vagoni in viaggio per Berlino ... la vera delusione la si ebbe alla vista della nostra nuova abitazione nella terra promessa ... un monolocale grosso dodici metri quadrati con servizi igienici e una cucina monoblocco, uno sgabuzzino sinistro che i miei genitori avrebbero dovuto dividere con un'altra famiglia di lavoratori ospiti ... credevano che il lavoro fosse la migliore lotteria. Così riempivano fabbriche e officine di montaggio, stavano in piedi o sedevano davanti alla catena di montaggio, lavavano o pulivano i pavimenti, ricevevano un impiego presso la nettezza urbana o andavano a lavorare come portieri per i gabinetti ...*[135] *(...) Oggi siamo io e mia sorella i figli snaturati, dei quali i nostri genitori vanno fieri. Non si sarebbero mai immaginati una figlia attrice e un figlio scrittore. Gli anni delle battaglie per il nostro futuro sono terminati...*[136]

La testimonianza letteraria sopracitata è di **Feridun Zaimoglu**, nato nel 1964 a Bolu in Turchia, ma cresciuto in Germania e divenuto famoso per i numerosi romanzi, in cui utilizza il linguaggio giovanile turco-tedesco. In molti titoli dei suoi libri troviamo la parola "Kanak", che viene utilizzata dai tedeschi per riferirsi in modo spregiativo agli immigrati mediorientali e in particolar modo ai turchi: *Kanak Sprak*, *Kopf und Kragen* e *Kanak-Kultur-Kompedium*. Ha ottenuto nel 2003 il premio della

134 Articolo di Ipek Ipekcioglu, *Berlin à la Turka*, in: Hans-Jörg Clement, *Szene Berlin - Ein Kultur-Lesebuch*, Bostelmann & Siebenhaar, Berlin, 2003, pag. 234

135 Dal racconto *Kanak Attak: Rebellion der Minderheit* in: Feridun Zaimouglu, *Kopf und Kragen · Kanak-Kultur-Kompendium*, Rotbuch, Hamburg, 2006, pag. 8 - 9

136 Ibidem, pag. 19

giuria Ingeborg Bachmann, e hanno portato sul grande schermo il suo *Abschaum*[137] (con il titolo *Kanak Attack*). Egli fa parte della nuova generazione turca che si è affermata artisticamente nella Berlino degli anni '90 ed i cui libri sono sempre ai primi posti di vendita. Anche dalle precedenti generazioni, naturalmente, ci sono stati scrittori turchi che hanno trattato il tema dell'immigrazione, ed in particolare a Berlino.

I più famosi sono **Aras Ören** (*Bitte nix Polizei, Kreuzberg Antalilari, Berlin-Savignyplatz*) e **Emine Sevgi Özdamar** (*Die Brücke vom Goldenen Horn e Seltsame Sterne starren zur Erde*). Il libro *Seltsame Sterne starren zur Erde* ha oggi una forte valenza storica riguardo al periodo in cui la città era divisa in due:

Forse il cane aveva smarrito il cammino, ma non era un cane di Berlino est. Anche i cani non potevano oltrepassare il Muro…[138] (…)
Quando io uscii dalla metropolitana a Berlino ovest mi stupii. "Qui piove proprio come nella parte est … Dirk mi presentò: "Ecco l'unica turca che non va a lavorare a Berlino ovest, bensì a est"…[139] *(…) Anche il Muro dalla parte ovest era pieno di scritte, come le pareti dei bagni nelle birrerie degli studenti …* BERLINO OVEST È IL CLITORIDE DELLA RDT….[140]

Come già detto, si è avuto un vero e proprio fenomeno turco nella Berlino degli anni novanta e sono state soprattutto le donne ad avere più successo. Dalla citazione che segue, tratta dal libro di Clement sulla scena culturale della capitale degli anni novanta, ci si può fare un'idea di ciò di cui sto parlando:

La musicista AZIZA A. apparteneva anche al gruppo Kanak Attak. Cresciuta a Berlino-Steglitz e trasferitasi poi a Kreuzberg, fu per cinque anni con il suo CD di debutto "Es ist Zeit" sui titoli dei giornali nazionali. Da allora è considerata come il fiore all'occhiello femminile turco-tedesco dell'Hip hop orientale, e si adatta perfettamente al cliché della ribelle rap che si mette contro la tradizione turca … Nubün, una band di donne che suona jazz curdo, ha influenzato allo stesso modo la scena musicale berlinese … Quest'anno, per la prima volta, ha avuto luogo il festival cinematografico turco al Zoopalast con produzioni della

137 Romanzo. Il titolo in italiano significa "Feccia".

138 Emine Sevgi Özdamar, *Seltsame Sterne starren zur Erde*, KiWi, Köln, 2004, pag. 15

139 Ibidem, pag. 40 - 41

140 Ibidem, pag. 65

Turchia e di altre nazioni. Il regista Neco Celik tenta di rappresentare, con il suo film di debutto "Alltag", un incrocio a Kreuzberg (precisamente a Naunyn- angolo Mariannenstraße, quartiere in prevalenza abitato da turchi e definito come la "piccola Istanbul"), durante un giorno ed una notte dal punto di vista di un ragazzo tedesco che vi è cresciuto. Nursel Köse si è fatta da tempo un nome come cabarettista, regista, autrice, poetessa e drammaturga. In "Anam" debutta come attrice protagonista. Il film racconta la storia di emancipazione di una donna di origine turca che lavora facendo le pulizie… Nursel Köse e Serpil Ari, entrambe fondatrici del gruppo di cabaret le Bodenkosmetikerinnen, lavorano attualmente al loro nuovo programma…[141]

Due sono le scrittrici più rilevanti degli ultimi anni: **Yadé Kara** e **Dilek Zaptcioglu**.

Yadé Kara, nata nel 1965 in Turchia. Con il suo libro *Selam Berlin* ci dà una spumeggiante testimonianza di quei giorni irripetibili e straordinari della caduta del Muro di Berlino, i cui effetti si sono protratti fino ai nostri giorni:

Le Trabant (era l'unica macchina in commercio nella DDR ed i cittadini della Repubblica Democratica dovevano aspettare 4-5 anni dalla domanda di acquisto prima di averla) oltrepassavano il confine di Bornholmerstraße per entrare a Berlino ovest [142] (…) *Quelli di Berlino est entravano e uscivano dallo schermo televisivo, attraversando il Muro al Checkpoint Charlie e sbucavano a ovest dritti su Kurfürstendamm. Gente allegra e felice al Café Kranzler*[143] (…) *All'improvviso, il mondo intero si interessava alle strade, alle piazze, ai luoghi della mia infanzia. Le macchine strombazzavano, la gente gridava, faceva baldoria, esultava e festeggiava fino a notte fonda. Ballava, rideva e cantava una nuova Berlino. Volevo assolutamente lanciarmi nella grande festa berlinese, esserci anch'io, ecco cosa volevo*[144] (…) *Quelli di Berlino est portavano giacche beige e grigie. Infagottati lì dentro avevano un'aria piuttosto per bene. Non erano grassi come quelli di Berlino ovest. No, loro avevano un aspetto smunto e insulso. Ma gli occhi erano vivaci. Osservavano tutto attentamente. La stazione, le variopinte réclame dei pornoshop di Beate Uhse, i maschioni Malboro alle edicole, le bionde che sorridevano dalle copertine di Playboy, Vogue, Marie Claire e Cosmopolitan*[145]*. Il meraviglioso*

141 Articolo di Ipek Ipekcioglu, *Berlin à la Turka*, in: Hans-Jörg Clement, *Szene Berlin - Ein Kultur-Lesebuch*, Bostelmann & Siebenhaar, Berlin, 2003, pag. 237 - 238

142 Yadé Kara, *Selam Berlin*, Diogenes, Zürich, 2003, pag. 8

143 Ibidem, pag. 8

144 Ibidem, pag. 8-9

145 Per farsi un'idea di ciò basti guardare il film "Goodbye Lenin"

fulgore offerto dall'occidente: cioccolata Kinder, Toblerone, Ricola, gomme Wrigley's e sigarette Pall Mall – tutto a portata di mano.[146] (...) *A Wittenbergplatz scesero in massa. Che stava succedendo? Mentre ancora cercavo di capacitarmi, salirono le prime persone con i sacchetti del Kadewe. Ma sì, il "Kaufhaus des Westens" (Il più grande centro commerciale di Berlino ovest). Anch'io per prima cosa sarei andato lì...*[147] (...) *Mi aprii un varco tra la folla e andai verso la Porta di Brandeburgo. C'erano più giornalisti che berlinesi. Armati di telecamere, cavalletti e obiettivi, se ne stavano a morire di freddo davanti al Muro farfugliando nei microfoni di BBC, CNN, abc, channel four, TRT, ARD, ZDF... Un brusio, un fruscio, un miscuglio di tutte le lingue del mondo, "The Berlin Wall...", "... le gouvernement d'Allemagne...", "artik yeni bir sayfa allmanya tahrihinde basladi...", "Berliskaja stjena ruchnula...". Quel mormorio si levava dal Muro di Berlino e attraverso i cavi saliva al cielo pallido, lasciava la Terra e raggiungeva i satelliti nello spazio, da dove immagini e commenti di sentinelle e berlinesi intirizziti atterravano, fra danze e colpi di martello, in ogni soggiorno del pianeta. Tutti aspettavano l'apertura della Porta di Brandeburgo – e quella si faceva aspettare. Sul lato occidentale del Muro, la gente menava martellate a più non posso, mentre lui opponeva una fiera resistenza. Io me ne stavo fermo e mi sfregavo le mani per scaldarmi. Alcuni ragazzi avevano indovinato che l'occasione era buona e subito erano entrati in azione. Coloravano i resti del Muro con lo spray e li incollavano sul legno. I turisti di Kyoto, Miami e L.A. prendevano la palla al balzo. A New York e a Tokyo, quei frammenti di graffiti sarebbero stati rivenduti in cambio di dollari sonanti e yen ancora più sonanti. Un signore anziano col cappotto grigio venne verso di me. Mi feci da parte per lasciarlo passare, ma lui mi apostrofò. "Giovanotto, le dispiace?". E indicò un graffito sul Muro con sopra delle teste verdi e una stella rossa. La mano gli tremava. "Ma le pare" mi sentii dire. Mica ero un mostro, io. Mi allungò martello e picozza e vidi che il dorso della mano era macchiato di nero. Mi misi al lavoro. "Solo la stella", disse tremante.*[148] (...) *In Romania arrestavano Ceausescu. Erich Honecker lasciava la DDR svignandosela in Cile. Tutto il bloccoorientale era in fermento, nessuno aveva un quadro chiaro della situazione e una nuova libertà stava salendo alla ribalta della cronaca mondiale. A Berlino, quella nuova libertà si toccava con mano. Il mercato nero era fiorente. Russi, rumeni, polacchi, prendevano d'assalto i negozi di elettrodomestici.A Bahnhof Zoo, il traffico di valuta prosperava, russo e polacco erano diventate le lingue commerciali. Berlino era una grande fiera* [149] (...)

146 Yadé Kara, *Selam Berlin*, Diogenes, Zürich, 2003, pag. 21

147 Ibidem, pag. 22

148 Ibidem, pag. 46 - 47

149 Ibidem, pag. 44

Dilek Zaptcioglu non solo ci dà testimonianza di alcune tematiche già trattate, ma ci introduce anche nella spiacevole situazione tra turchi e neo nazisti. Il suo *Der Mond isst die Sterne auf* ha ricevuto il Gustav-Heinemann-Friedenpreis del 1999; prendendo a pretesto una caduta del padre di Ömer – Seyfullah – nel fiume Sprea, forse provocata dai Naziskin, l'autrice solleva gradualmente numerosi argomenti, a volte scottanti, della Berlino attuale (i problemi tra turchi e tedeschi, veniamo a sapere, sono iniziati con la caduta del Muro):

> *A Berlino, finora, i turchi hanno convissuto in pace con i tedeschi. Ma la caduta del Muro ha cambiato totalmente l'atmosfera della città. Adesso sembra che la nuova capitale sia ridiventata il simbolo dell'odiata Germania. È forse caduto il Muro sulle teste dei turchi?* [150] (...)
> *Il discorso cadde inevitabilmente sullo skinhead, che subito dopo la caduta del Muro, era finito accidentalmente a Kreuzberg, alla ricerca del suo fratello di sangue nella parte ovest. Non aveva la benché minima idea di essere in un negozio di verdura turco e aveva chiesto informazioni per una strada di Moabit. Quando si era accorto di essere giunto nella zona sbagliata di Berlino, si era precipitato fuori in fretta e furia, il proprietario del negozio dietro di lui, e quando lo Skin si era voltato spaventato per guardare chi battesse alle sue spalle, aveva scorto una lunga grassa banana*[151]*. L'intera Oranienstraße aveva pianto dal ridere, primo fra tutti l'uomo della verdura, che batteva le mani alla sua coscia, mentre lo Skin sbucciava la banana con il viso sbiancato, la divorava in un secondo e scompariva nella metropolitana* [152] (...)
> *"Sai quanti turchi vivono in questa città?", mi chiese. Io sollevai le spalle.*
> *"Centosessanta-, centoottantamila, se non si contano gli illegali. Se noi non vi seguiamo passo dopo passo, possiamo effettivamente fare le valigie e andarcene"*
> *"Invece di pedinare i turchi, dovreste andare dietro ai Nazi. Sono loro che combinano i guai, non noi".*
> *"E invece sì, anche voi ne combinate abbastanza", mi disse...*[153]

Nel proseguo della storia il lettore ha modo di conoscere i numerosi locali turchi, ad esempio l'Irmak a Kottbusser Tor, e di come i giovani turchi abbiano influito nella vita notturna e culturale di Berlino. Il fratello di Ömer, Adnan gestisce un'attività di successo:

150 Dilek Zaptcioglu, *Der Mond isst die Sterne auf*, cbt, München, 2006, pag. 38

151 La banana era il simbolo della società del benessere dell'ovest tra i paesi comunisti. Non poteva essere importata nella DDR.

152 Dilek Zaptcioglu, *Der Mond isst die Sterne auf*, cbt, München, 2006, pag. 70

153 Ibidem, pag. 52-53

Il nostro Diwan si trovava in Nürnberger Straße, che più tardi si è trasformato in un miglio di piacere per turchi. Dapprima qui vi era solo un unico ristorante, poi aprirono tutti: Diwan, Pascha, Mavi, Paparazzi.[154]

Il romanzo termina con la morte di Seyfullah e con la sua sepoltura. Tra le attenzioni dei media, la bara viene avvolta nella bandiera della sua nazione e mentre lui, con la sua morte, ritorna alle sue origine turche, il figlio intraprende la strada del suo futuro; un futuro tedesco e roseo, garantito da quella istruzione, che non lo fa sentire inferiore a nessuno:

La bara di mio padre era stata avvolta in una bandiera turca, telecamere e reporter assediarono il piccolo cortile della moschea...[155] (...) *Kenan iniziò lo studio di medicina, io mi iscrissi a legge....*[156]

154 Ibidem, pag. 67

155 Ibidem, pag. 214

156 Ibidem, pag. 216

A sinistra: la scrittrice Emine Sevgi Özdamar.
In alto: Ayşe Erkmen, *Evde - Am Haus*; realizzata nel 1994, mette in evidenza l'importanza storica dei turchi a Berlino, soprattutto a Kreuzberg, e di come essi abbiano influito sulla vita culturale della città.

Città di teatri

1. Panorama generale dei teatri berlinesi

3ª. Scena

"Taxi 2"

(Steffi nel Taxi. Florian torna indietro.)

FLORIAN Uguale. Cosa principale il teatro.
STEFFI Lei è proprio ironico! Dunque: Volksbühne, Deutsches Theater, Berliner Ensemble, Maxim-Gorki-Theater, Renaissance-Theater …
FLORIAN Sì, sì…
STEFFI Può andare anche ad assistere ad una commedia al Kurfürstendamm o alla Neuköllner Oper!
O forse il Gripstheater? Il Vagantenbühne? Sophiensäle? Theater unterm Dach? Kriminaltheater, Theater am Halleschen Ufer, Tribüne Zerbrochene Fenster, Hansa-Theater …
FLORIAN Va bene, va bene.
STEFFI (…) ho sentito, che tutto sommato ci sono all'incirca 120 teatri a Berlino. Se questo è vero, non lo so, ma molti di meno è da escludere…[157]

Come si può evincere dal brano di Jörg Hartmann, l'odierna Berlino ha una cospicua presenza di teatri. Essi sono da sempre importanti per la città che non ne può fare a meno, e divennero celebri, assieme a tutte le altre attività culturali, negli anni venti del secolo scorso. Esattamente gli anni venti, *gli anni d'oro*, durante i quali nacque il mito di Berlino, interrotto dalla seconda guerra mondiale e in seguito dalla divisione della metropoli, ed infine rinato con la caduta del Muro:

Berlino divenne negli anni venti il centro culturale indiscusso della Germania, un luogo di attrazione per scrittori e giornalisti, musicisti e artisti figurativi, gente di teatro e registi cinematografici. La vita artistica berlinese era rumorosa, sperimentale e provocatoria. E soprattutto politica. Al centro di un ampio interesse c'era – e questo è raro – la giovane avanguardia (…) Schreker e Schönberg, Hindemith e Weill, Furtwängler e Bruno Walter,

157 Jörg Hartmann, *Szene einer Szene. Dramatischer Versuch über die Berliner Theaterlandschaft.* Brano tratto dal libro: Hans-Jörg Clement, *Szene Berlin – Ein Kultur-Lesebuch*, Bostelmann & Siebenhaar, Berlin, 2003, pag. 101

Erich Kleiber e Otto Klemperer fecero di Berlino il centro dell'avanguardia musicale, e per la scena teatrale vi sono nomi come Jessner e Fehling, Hilpert e Piscator, Reinhard e Brecht...[158]

... la città ha ampliato il carattere di laboratorio senza confini e si ricollega contemporaneamente alla magia e al mito degli anni venti...[159]

Tuttavia, anche durante l'epoca del Muro, i teatri continuarono a conservare la loro importanza, soprattutto nella parte est, dove rappresentarono la voce discordante nella cultura ufficiale della dittatura della Repubblica Democratica Tedesca:

Berlino est era il centro politico, economico e culturale della DDR (...) Nonostante l'osservazione di Kurt Hager, membro del politburo della SED, "L'arte è sempre un'arma nella lotta di classe", molte istituzioni culturali di Berlino est poterono acquisire – spesso contro l'influenza dei funzionari – una reputazione internazionale. Questo valse per lo Staatsoper e per la Komische Oper, fondata da Walter Felsenstein ... per il più grande teatro di varietà presso il Friedrichstadtpalast, per il cabaret Die Distel, soprattutto per i maggiori teatri di Berlino est, che moderatamente formulavano sempre messaggi critici contro il regime: il Deutsches Theater, la Volksbühne, il Berliner Ensemble, fondato da Brecht, il Maxim-Gorki-Theater...[160]

I teatri, sempre nella DDR, assunsero un ruolo centrale, assieme alle chiese evangeliche, durante quei concitanti mesi del 1989, che portarono alla riunificazione della città e della Germania:

Il punto culminante delle proteste fu la grande manifestazione di più di 500.000 mila persone il 4 novembre 1989 ad Alexanderplatz. La cronaca degli avvenimenti da inizio ottobre indica i tre più grandi teatri di Berlino est – Berliner Ensemble, Volksbühne e Deutsches Theater – come catalizzatori delle proteste contro il dominio, l'oppressione e la censura...[161]

Dopo la caduta del Muro, la scena culturale, ed anche teatrale, si stabilisce nel "selvaggio est" che affascina di più, non solo per gli affitti economici, ma per le

158 Arnt Cobbers, Kleine *Berlin-Geschichte – Vom Mittelalter bis zur Gegenwart*, Jaron Verlag, Berlin, pag.141-142

159 Klaus Siebenhaar, *Kulturhandbuch Berlin – Geschichte & Gegenwart von A-Z*, Bostelmann und Siebenhaar Verlag, Berlin, 2001, pag. 41

160 Arnt Cobbers, Kleine Berlin-Geschichte – Vom Mittelalter bis zur Gegenwart, Jaron Verlag, Berlin, pag. 190

161 Klaus Siebenhaar, *Kulturhandbuch Berlin – Geschichte & Gegenwart von A-Z*, Bostelmann und Siebenhaar Verlag, Berlin, 2001, pag. 36

peculiarità architettoniche:

La caduta del Muro portò al crollo delle oramai affermate strutture. Nella parte est della città, attori, registi e musicisti osarono un nuovo inizio nella libera scena. Trasformarono capannoni e retrobotteghe in teatri, e club giovanili in centri di cultura. Contemporaneamente gli abitanti dell'ovest si trasferirono nel selvaggio est: edifici per metà distrutti, fabbriche abbandonate e vecchie costruzioni nel centro della città offrirono ampi spazi liberi a tutti e attirarono con il discreto fascino dell'anarchia...[162]

La grande ed eccitante stagione teatrale degli anni novanta viene testimoniata anche in letteratura, e non solo nei testi di Judith Hermann, ma in moltissimi altri libri, come ad esempio *Mai 3D, Ein Tagebuchroman* che è stato scritto da tre persone: Alexa Hennig von Lange, Till Müller, Klug Daniel Haaksman. Esso ci narra, attraverso i diari di tre ragazzi, la vita quotidiana di tre aspiranti artisti a Berlino che sperimentano su se stessi speranze e difficoltà, successi e fallimenti, fedeltà e tradimenti, amori e amicizie. I tre ragazzi sono rispettivamente scrittore (Kai), attore (Marc) e dj (David). Ecco il resoconto, un po' disgustato di David, di una serata teatrale dove lui si era recato su invito di Marc (secondo la sua opinione, queste rappresentazioni diventano un evento mondano esagerato, ma ci fa capire come il teatro è fortemente sentito e perché ve ne sono all'incirca 120, come afferma anche Steffi nel brano di Jörg Hartmann):

Era un vero evento sociale. Attori, registi, autori, critici teatrali. Era strapieno (...) Poi naturalmente ancora la rappresentanza, nel Foyer. Auguri, complimenti e baci per la recita. Musica francese, da un radioregistratore di grandi dimensioni...[163]

Sarebbe impossibile per chiunque, sempre se non si vuole realizzare un'opera mastodontica, scrivere di tutti i teatri. Quello che io, invece, tenterò di fare è una breve descrizione di pochi di essi, con lo scopo di delinearne il percorso storico negli anni novanta. Dedicherò più spazio alla Volksbühne che, a parer mio e della critica, ha avuto il ruolo maggiore.

Molti teatri a Berlino portano con sé piccole tracce del passato della città (vedere il capitolo: "Tracce del passato"). Ad esempio l'odierno **Theaterforum Kreuzberg**

162 Iris Brennberger-Zens, *Gut drauf und voll daneben – Die Berliner Off-Szene*, Argon Verlag, Berlin, 1995, pag. 9

163 Alexa Hennig von Lange, Till Müller-Klug, Daniel Haaksman, *Mai 3D*, List, München, 2002, pag. 17-18

offre musica e pezzi teatrali contemporanei. Ma quasi nessuno sa che la sua struttura una volta fungeva da sala da ballo, ed era stato luogo di ritrovo sia per ufficiali prussiani che per i nazisti. Il **Podewil** offre differenti eventi culturali, tra cui il teatro, e soprattutto si dedica all'arte sperimentale e contemporanea; ma nel passato:

> *Per 12000 talleri nell'anno 1732, il conte Heinrich von Podewil comprò il palazzo in Klosterstraße, ma la costruzione barocca rimase solo 17 anni in possesso della sua famiglia. Seguirono acquirenti, bombe e incendi danneggiarono l'edificio nel quale, durante gli anni della DDR, ebbe residenza la Haus der jungen Talente. Oggi soltanto il nome ricorda ancora l'ex "segreto ministro di guerra, delle finanze e del gabinetto"...*[164]

L'edificio del locale **Tacheles** nacque nel 1909 con la funzione di centro commerciale, il "Friedrichspassage", e fu tra le iniziali costruzioni in cemento armato a Berlino, non che una delle prime "cattedrali del consumo", che nel nostro presente sono divenute comunissime. Quando Hitler giunse al potere, le organizzazioni vicine al nazismo occuparono molti spazi dell'edificio. Nel 1943 il sottotetto venne utilizzato per incarcerare prigionieri di guerra francese. Hitler, nell'aprile 1945, diramò l'ordine di inondare cantine, seminterrati, metropolitane, in quanto l'Armata rossa aveva conquistato Berlino. Tutt'oggi i seminterrati del Tacheles sono ripieni d'acqua. La struttura subì gravi danni durante i bombardamenti della seconda guerra mondiale, ma la maggior parte rimase in buone condizioni. Con la divisione in quattro settori l'edificio rimase nella zona della Repubblica Democratica e fu utilizzato all'inizio da commercianti e imprese artigianali. Fu utilizzato anche dall'agenzia tedesca di viaggio e ospitò, tra l'altro, una scuola per artisti e vari uffici statali. Per il 13 Febbraio 1990 era prevista la demolizione dell'edificio, che fu revocata grazie all'intervento del collettivo di artisti Tacheles, che lo fecero velocemente diventare un centro di cultura sperimentale giovanile e una delle attrazioni odierne più visitate dai turisti a Berlino. In circa 20 anni sono stati organizzati concerti, esposizioni di pittura e fotografia, inscenati pezzi teatrali e lo spazio a disposizione è stato utilizzato per creare più o meno 30 ateliers, dove annualmente hanno esposto almeno 50 artisti provenienti da tutte le parti del mondo. Celebre è divenuto il Caffè Zapata. Il termine Tacheles, una parola Yiddish, che significa "parlare chiaro" o "parlare senza censura", era stato adottato dagli artisti della DDR, soggetti alla censura del loro governo. Il Tacheles ha smesso di essere sede del collettivo di artisti a causa della febbre di costruzione e

164 Iris Brennberger-Zens, *Gut drauf und voll daneben*, Aragon, Berlin, 1995, pag. 54

ristrutturazione che ha colpito la capitale tedesca. Un altro aspetto da considerare è che molti teatri, invece, non hanno niente a che vedere con il passato, ma sono nati come specchio del proprio tempo. Come già detto in precedenza, Berlino è una città che vive soprattutto del suo presente.

Il **Theater '89**, sito in Torstraße, è figlio degli eventi del cruciale anno 1989: è nato come teatro indipendente che si è distaccato da quelli sovvenzionati dallo stato. Gli ideatori furono un gruppo di attori della parte est di Berlino. Il principale obiettivo è di valorizzare gli artisti che sono nati e cresciuti nella Repubblica Democratica Tedesca e di cercare, attraverso le loro opere, di comprendere e rappresentare il loro presente, senza disdegnare i processi storici e gli sviluppi sociali che hanno portato ad esso. Il **Theater OBSOLET** si occupa di temi importanti che cerca di diffondere tra i giovani, come la xenofobia, il razzismo e l'antisemitismo. E lo fa anche utilizzando le arti che, oggigiorno, hanno più presa tra i ragazzi, come la musica dei dj, la danza moderna o le animazioni computerizzate. Non posso tralasciare dalla lista quei teatri che, parte della cultura più ufficiale, si distaccano dalla scena underground di Berlino. Il **Berliner Ensemble** venne fondato nel 1949 da Bertolt Brecht e Melene Weigel: vennero inscenati soprattutto classici e opere dello stesso Brecht. Il teatro più ricco di tradizioni di Berlino è sicuramente il **Deutsches Theater**, che ha iniziato la sua attività nel 1883 e, oltre a inscenare classici, non disdegna, soprattutto negli ultimi anni, le pièce contemporanee. L'**Hebbel-Theater** è un teatro con una lunga tradizione che offre serate internazionali, inaugurato il 29 gennaio del 1908 con il pezzo di Friedrich Hebbel, *Maria Magdalene*. Sempre dopo il fatidico 1989, quando improvvisamente niente fu come prima:

> *Con una nuova concezione artistica sotto la direzione di Nele Hertling a partire dal 1989, il palcoscenico con all'incirca 600 posti è oggi considerato uno dei più importanti fori europei del teatro contemporaneo, del moderno teatro-danza e del nuovo teatro musicale. L'Hebbel-Theater, insieme con i comparabili teatri ad Amsterdam, Brussel, Francoforte e Salisburgo conducono un ambizioso programma di cooperazione...*[165]

2. La Volksbühne

> *Noi stavamo seduti in giardino, bevevamo vino, guardavamo come degli idioti i nugoli di moscerini intorno agli alberi e parlavamo di Castorf e di Heiner Müller e dell'ultimo fiasco*

165 Klaus Siebenhaar, *Kulturhandbuch Berlin – Geschichte & Gegenwart von A – Z*, Bostelmann & Siebenhaar, Berlin, 2001, pag. 247

teatrale di Wawerzinek alla Volksbühne...[166]

L'otto ottobre 1992 Frank Castorf inaugurò l'inizio della sua direzione con la messa in scena del "Re Lear", e dieci anni più tardi si è tutti ampiamente d'accordo, che questa Volksbühne sia uno dei più importanti teatri tedeschi, anche perché oltre alle innovazioni estetiche e al cambiamento nell'organizzazione, è riuscita soprattutto in una cosa: comprendere il teatro come luogo politico, come istituzione societaria, come espressione di conflitti reali ... Dieci anni, che nei sempre più brevi cicli di successo è un tempo sorprendentemente lungo...[167]

Se realmente si vuole comprendere quel magico decennio degli anni novanta a Berlino del dopo Muro, l'entusiasmo, l'ottimismo, la convinzione che iniziasse una nuova era, dove tutto fosse possibile, e di sapere di essere sotto i riflettori del mondo, da dove potessero essere diffuse nuove idee e modi di pensare, non si può non parlare della Volksbühne che, come si evince da quanto detto sia da Judith Hermann che da Thomas Irmer e Harald Müller sopracitati, ha lasciato un segno indelebile e continua tuttora a farlo. Quattro sono i protagonisti principali di cui parlerò brevemente: Christoph Schlingensief, Johann Kresnik, Christoph Marthaler e Frank Castorf.

- *Christoph Schlingensief*

I critici descrivono il pezzo come "senza gusto", "blasfemo", come "un colpo basso". Soltanto Castorf viene elogiato: "lasciare inscenare un uomo, che gli strappa il pavimento da sotto i piedi" (Zitty). Schlingensief all'inizio non si sente realmente offeso. Durante la sesta rappresentazione siede nella mensa e riflette come potersi salvare dalla difficile situazione. Si fa coraggio, corre sul palcoscenico, si ficca un contenitore di sangue sotto la sua camicia, spezza con i denti una capsula di sangue e grida: "Ecco il figlio del farmacista di Oberhausen. Adesso mi avete". Schlingensief sembra ripugnante, lì, al centro della scena, imbrattato da sopra a sotto con sangue finto: una vittima meschina della propria spazzatura. Racconta dell'ora della morte di sua madre e inizia a piangere rumorosamente. Nell'auditorio domina il più assoluto silenzio: nella finzione è finito un pizzico di realtà...[168]

166 Judith Hermann, *Sommerhaus, später*, Fischer, Frankfurt am Main, 2000, pag. 143

167 Thomas Irmer – Harald Müller, *Zehn Jahre Volksbühne – Intendanz Frank Castorf*, Theater der Zeit, Berlin, 2003, pag. 11

168 Ibidem, pag. 72

Questa era una delle tipiche critiche iniziali a Christoph Schlingensief, classe 1960, la cui famiglia proveniva da Oberhausen, nella parte occidentale della Germania. Ciò che i quattro registi della Volksbühne hanno di più in comune è la provocazione, sottintesa, non una provocazione gratuita e volgare. Schlingensief ha sempre cercato, attraverso il suo teatro, di mandare in frantumi una certa percezione istituzionalizzata della realtà, ossia si è sempre scagliato contro il ben ordinato mondo borghese. Inoltre io lo definirei un "jazzista del teatro" o un "virtuoso delle improvvisazioni", visto che tutto il lavoro preparatorio di una sua rappresentazione può essere capovolto all'ultimo momento. Ed è qui che entra in gioco la spontaneità degli attori, che fino alla prima non sono mai sicuri della loro parte. Il regista, attento osservatore del proprio tempo, spettatore e attore inserito nella nuova realtà tedesca, la cosiddetta "deutsch-deutsche Gegenwart"[169], con le sue numerose rappresentazioni non ha cambiato il modo di vedere il teatro, bensì la percezione della realtà, come aveva dichiarato di voler fare al suo esordio alla Volksbühne.

Schlingensief coinvolge quasi sempre il suo pubblico, vuole fargli sentire fisicamente le immagini che gli scorrono davanti ("Le immagini da sole non bastano. Bisogna sentire le cose, capirle corporalmente…[170]). Infatti, in *Rocky Dutschke, 68*, i presenti si ritrovano a sedere per terra, le poltrone sono state accuratamente allontanate, l'intera sala è trasformata in unico palcoscenico. Naturalmente viene richiesta una presenza attiva, ma già prima che gli spettatori entrino nel teatro, davanti l'edificio, viene inscenato l'attentato a Rudi Dutschke. Cosicché, sia i paganti per lo spettacolo che i casuali passanti contribuiscano, a loro insaputa, alla rappresentazione:

> *Chi ha sfortuna, deve anche recitare con gli attori. Noi, senza opporre resistenza, facciamo perlopiù ciò che ci viene richiesto. E, quando il primo signore deve calarsi le brache per bagnarsi il sederino nel latte, in riferimento ad un rituale africano, è chiaro che: può divenire spiacevole. O anche peggio: realmente imbarazzante …*[171]

Le sue critiche maggiori sono rivolte ai politici e alla televisione. A differenza del periodo storico, che come abbiamo dimostrato sembra tendere ad una forma

169 La traduzione più fedele potrebbe essere "il presente tedesco-tedesco"; la doppia ripetizione "tedesco" si riferisce alla presenza di due "Germanie", quella ovest e quella della ex Repubblica Democratica Tedesca.

170 Thomas Irmer – Harald Müller, *Zehn Jahre Volksbühne – Intendanz Frank Castorf*, Theater der Zeit, Berlin, 2003, pag. 73

171 Ibidem, pag. 73

di apoliticità, Schlingensief si definisce come uno degli artisti più politicizzati, portando sul palcoscenico icone del calibro di Helmut Kohl[172], Rosa Luxemburg[173] e Rudi Dutschke[174].

Helmut Kohl ebbe un peso decisivo negli anni formativi del giovane Christoph e degli scrittori della Generazione Golf ("Ci andava tutto alla perfezione, si aveva solo un po' di paura, e se si accendeva la tele, si vedeva sempre Helmut Kohl"[175]), come afferma Florian Illies:

> *Così avviene, che dell'anno 1945 noi sappiamo soltanto, che da un giorno all'altro giunse Helmut Kohl. E che lui rimase a lungo. Dimagrì e riprese chili di nuovo, vinse elezioni su elezioni, fece discorsi di inizio anno su discorsi di inizio anno. Il padre della nostra generazione. "Non si può scegliere il proprio padre", disse lo stesso Christoph Schlingensief, il non conservativo e intelligente critico societario...*[176]

Alcune performance di Schlingensief sono divenute leggendarie per originalità e coraggio. Ad esempio, sferra la sua critica alla televisione spazzatura degli ultimi anni, piena di reality, e al neo-governo razzista austriaco, inscenando un gioco nel centro di Vienna; il premio è un permesso di soggiorno:

> *Dodici rifugiati vivono per una settimana in un piccolo villaggio di container accanto all'Opera. Ogni sera gli spettatori possono votare secondo il principio del "Grande Fratello", chi di essi deve essere espulso...*[177]

E in *Quiz 3000 – Du bist die Katastrophe!* ("Quiz 3000 – tu sei la catastrofe"), trova il coraggio di parlare del periodo storico in Germania che va dal 1933 al 1945, che è ancora un grosso tabù per i cittadini tedeschi. Lo fa rappresentando un quiz, dove i partecipanti, aspiranti milionari, devono rispondere a domande di politica, storia

172 Ex Cancelliere della Repubblica Federale Tedesca.

173 Teorica socialista e rivoluzionaria. Venne fatta assassinare nel gennaio 1919 da soldati agli ordini del governo socialdemocratico Friedrich Ebert.

174 Leader della SDS, il movimento studentesco a sfondo socialista anarchico-rivoluzionario. Fu gravemente ferito in un attentato l'11 aprile 1968. Morì il 24 dicembre 1979 a causa dei danni causategli dall'attentato.

175 Florian Illies, *Generation Golf – Eine Inspektion*, Fischer, Frankfurt am Main, 2003, pag. 16

176 Ibidem, pag. 176

177 Thomas Irmer – Harald Müller, *Zehn Jahre Volksbühne – Intendanz Frank Castorf*, Theater der Zeit, Berlin, 2003, pag. 75

tedesca e cultura. Schilingensief, oltre alla sua attività teatrale, si è dedicato anche al cinema ed ha lavorato come conduttore tv, dove non sono mancate le sue continue provocazioni. Nel 2005 ha ricevuto un premio cinematografico della città tedesca Hof.

- *Johann Kresnik*

Johann Kresnik fa attirare l'attenzione su di sé e oltraggia parecchia gente, quando mostra la sua comprensione per i neo nazisti e dichiara che anche lui al loro posto, nella loro posizione di disagio sociale, darebbe fuoco alle case. Il regista, nato nel 1939 a Graz in Austria, e considerato uno dei precursori del teatro-danza tedesco, diviene punto cardine nella Volksbühne nel 1993 con *Ulrike Meinhof*, mitizzato allora negli ambienti berlinesi.

È anche ballerino ed inizia la sua carriera nella città di origine. In seguito fa esperienza a Colonia e a New York. Nel 1967 debutta come coreografo. Nel 1968 Kresnik, non ancora trentenne, viene assunto come direttore del balletto al Bremer Theater. Poi staziona ad Heidelberg prima di trasferirsi definitivamente con il suo ensemble a Berlino nel 1994. Egli prende questa decisione con il preciso scopo di:

> *Kresnik ha intrapreso il suo impegno alla Volksbühne nel 1994, con il dichiarato obiettivo di formare un teatro con Frank Castorf, Christoph Marthaler e Christoph Schlingensief, che con la sua forza dirompente apra dolorosamente gli occhi alla gente negli aspetti negativi della realtà della Repubblica Federale...*[178]

In quel periodo la Volksbühne portava avanti forti ideali politici, apertamente di sinistra, ed è soprattutto questo che attrasse il regista austriaco, cresciuto in un ambiente familiare impregnato di idee marxiste. Esiste, però, una sostanziale e decisiva differenza di forma tra i quattro grandi registi, come ci racconta Anja von Witzler nel suo articolo su Kresnik:

> *... i discorsi diretti al pubblico ... la rottura della quarta parete invisibile della sala teatrale ha reso possibile al giovane pubblico della Volksbühne di interpretare attivamente come parte della messinscena e con le loro reazioni divenire parte stessa del pezzo teatrale. Kresnik, al contrario, ha mantenuto sempre la classica ripartizione attore-spettatore. I suoi pezzi hanno*

178 Ibidem, pag. 90

offerto allo spettatore minori possibilità di intervenire attivamente…[179]

Esordisce a Berlino con delle provocazioni, esattamente come Frank Castorf, Christoph Marthaler e Christoph Schlingensief. Nel 1993, in *Rosa Luxemburg – Rote Rosen für dich*, mette alla prova il suo pubblico:

Kresnik, già nella sua prima messinscena alla Volksbühne, "Rosa Luxemburg – Rote Rosen für dich", nel 1993, mette a dura prova la sensibilità dello spettatore. Piacevolmente frigge metà maiale e riempie il teatro con una puzza infernale…[180]

Poi seguono *Frida Kahlo* (09.1994), *Ernst Jünger* (12.1994), *Gründgens* (05.1995), *Macbeth* (09.1995) e *Hänsel und Gretel* (11.1995), la cui favola gli è servita per lanciare le sue accuse contro le nazioni del sudamerica, colpevoli di colpire i più deboli della società: i bambini, che patiscono la fame. Grazie a lui, la Volksbühne è conosciuta anche in quell'area geografica perché vi ha lavorato spesso come regista ospite. Le simpatie di Kresik, bisogna dirlo, sono sempre andate verso gli emarginati e i perdenti. In *Hotel Lux* (1998) sono l'assurdo e la disumanizzazione nei paesi comunisti al centro della scena. In *Richard III* (1999) il regista ci mostra come il potere possa corrompere le persone che lo ottengono, e portare a commettere le peggiori azioni. Interessante è anche la trilogia basata sulla biografia di tre forti personalità artistiche: Picasso, Goya e Kahlo. Poi da una inattesa decisione di Castorf, Kresnik e il suo ensemble sono stati licenziati dalla Volksbühne e dal 2004 mettono in scena i loro spettacoli a Bonn.

- *Christoph Marthaler*

Christoph Marthaler proviene dalla Svizzera, dove è nato il 17 ottobre 1951. Si è fatto strada nel mondo dello spettacolo sia come regista che come musicista. È stato allievo di Lecoq a Parigi e, nel 1993, alla Volksbühne la sua rappresentazione *Murx den Europäer! Murx ihn! Murx ihn! Murx ihn! Murx ihn ab!* ("Uccidi l'europeo! Uccidilo! Uccidilo! Fallo fuori!") ha ottenuto un'enorme eco. Ma, ancor prima, aveva messo in scena allestimenti come *Stägeli uf, Stägeli ab, juhee!* (in dialetto, per festeggiare il settimo centenario della Confederazione Elvetica) o *L'affare di rue de Lourcine* di E.

179 Ibidem, pag. 90- 91

180 Ibidem, pag. 87

Labiche (1991), *Faust-Fragment* di Pessoa (1992) e *Amora* (1992).

Le scenografie sono tutte di Anna Viebroch, la sua più stretta e affidata collaboratrice, e i ruoli vengono recitati sempre dagli stessi attori che sono indicati dalla critica come appartenenti alla famiglia Marthaler: tra gli altri Ueli Jäggi, Rober Hunger-Bühler, Bettina Stucky, Josef Ostendorf.

Uccidi l'europeo! Uccidilo! Fallo fuori!: questa rappresentazione, il cui titolo fa riferimento alla canzone Indiana di Paul Scheerbart, è divenuta leggendaria. Da essa emergono episodi bizzarri e spiacevoli della realtà, e secondo il parere di molti, la triste realtà degli ultimi anni della Repubblica Democratica Tedesca, i cui lati più assurdi vengono a galla: fatalità, assurdo, aspettativa e burocrazia. Ma l'aspetto, forse più tragico, che ho già analizzato (vedi capitolo: "Generation Golf e Zonenkinder"), è la totale indifferenza degli europei verso questo Stato che è realmente esistito e a cui nessuno sembra aver fatto caso. Il mondo interiore, gli strati irrazionali dell'animo umano che risaltano da episodi, da sprazzi di vita quotidiana, si proiettano sulla scena e "toccano" gli spettatori. Questa pièce teatrale corrisponde ai canoni marthaleriani tradizionali, composta da collage musical-teatrali. I suoi pezzi di solito nascono da improvvisazioni durante le prove. Nella cosiddetta "sala d'attesa" costruita da Anna Viebroch, si assiste ad uno spettacolo ai limiti del reale. La musicalità dirige l'intera esibizione. L'azione è semplice, non accade molto come ci descrivono le brevi recensioni in internet:

> *Le persone siedono, ognuno al suo tavolo. Sordi guardano con lo sguardo perso davanti a loro: risuonano vecchie canzoni. Rimuginano tra sé e sé, bevono nel loro manicomio, ringraziano il loro creatore, che li ha portati lì. Si servono del tè e dolci natalizi di forma allungata farciti con canditi, uvetta e mandorle e ognuno trova segretamente la via dell'alcool. Nello spettacolo dadaista di Marthaler, l'isolamento diviene visibile. Soltanto le canzoni tedesche li uniscono…*[181]

Si possono cogliere figure indefinite, donne e uomini, senza nomi: non fanno altro che sedersi e cantare e formulare frasi senza senso e battute di cattivo gusto. Questa "non-storia" o storia senza trama, o come meglio la si vuol definire, ha dunque affascinato il pubblico di Berlino e non solo. Marthaler, prima di accettare il posto di direttore della Schauspielhaus Zürich a partire dal 2000, ha inscenato alla Volksbühne anche, *Sturm vor Shakespeare* (1994), *Der Eindringling- Ein Jubiläumskonzert*

181 http://new.heimat.de/spielzeit/content/termine/detailausgabe.php?noUpdateHeadlines=true&id_event_cluster=1197

in zwei Aufzügen (1994), *Strasse der Besten* (1996), *Drei Schwestern* (1997), etc., etc. Ha ricevuto numerosi premi, come Konrad-Wolf-Preis der Berliner Akademie der Künste (1996), Bayerischer Theaterpreis e Fritz-Kortner-Preis (entrambi nel 1997), Europa-Preis für "Neue Wirklichkeiten des Theaters" (1998). Concludo questo mio breve excursus su Marthaler, citando una riflessione di Nikolaus Merck con la quale io concordo:

> *Al centro di una Berlino traboccante di gioventù dei primi anni novanta lo stravagante ensemble di Marthaler di strambi svizzeri e di attori vecchi aveva l'effetto di una spina nel fianco. Mentre fuori la città si inebriava a ritmo di musica techno, anziani cantavano in tristi costumi sul palcoscenico di Marthaler/Viebrock canzoni popolari tedesche...*[182]

- *Frank Castorf*

Frank Castorf è nato nel 1951 a Berlino est ed ha frequentato studi teatrali all'Università di Humbolt. Durante la sua vita artistica ha ricevuto numerosi premi, tra i più importanti ricordiamo il *Nestoy Preis* (2000) a Vienna, il Premio Teatrale della città di Berlino per *Endstation Amerika* e l'International Theater Institute (ITI) nel 2003. Inoltre nel 2002 è stato nominato "Regista dell'anno" dalla rivista Theater Heute. Castorf è cresciuto nel segno della contro-cultura rock angloamericana, e registi come Wajda, Truffaut, Fellini o Godard, lo hanno segnato fortemente. Le sue prime rappresentazioni le allestisce presso i teatri di Greiswald e Brandenbourg, però vietati dal regime che li ritiene inadatti alla propria linea politica. Successivamente ad Anklam, inscena autori classici del calibro di Shakespeare, Goethe, Brecht, Müller e Ibsen, ma continuando a essere ritenuto un artista scomodo viene fatto licenziare. Dopo la caduta del Muro è ospitato come regista indipendente in vari teatri "occidentali", fin quando non gli viene assegnata la direzione della Volksbühne nel 1992, quando già si contraddistingueva per la sua indipendenza culturale e lontano dal lasciarsi trascinare acriticamente dagli eventi del suo tempo. Infatti a dispetto di quella tendenza ad eliminare ogni traccia del recente passato est-ovest, dispone sul tetto del teatro, in lettere visibili anche da lontano, la parola "Ost" (Est), e questo per la volontà di marcare la netta differenza esistente tra la parte orientale e occidentale della sua nazione. Vediamo cosa dice lui a proposito, in una intervista:

182 Thomas Irmer – Harald Müller, Zehn Jahre Volksbühne – Intendanz Frank Castorf, Theater der Zeit, Berlin, 2003, pag. 62

• Cristina Piccino: *Cosa significa oggi lavorare nella Berlino est che sembra essere il centro nevralgico delle tendenze culturali?*
• Frank Castorf: L'est è l'est e l'ovest è l'ovest, c'è ancora una demarcazione nonostante l'unità che è comunque avvenuta in modo ostile. I tedeschi dell'est sono cresciuti nella tradizione prussiana e nell'influenza asiatica, russa, che è un dato di fatto come lo era l'americanizzazione della Germania occidentale. Penso che queste ultime elezioni abbiano espresso la diversità, a est si è votato in maggioranza per il Pds (i comunisti) mentre a ovest per l'Spd e i Verdi. A est c'è una nuova forma di consapevolezza, che ha le sue radici nella stessa città, in quella memoria che a ovest è rimasta a lungo soffocata. È importante non dimenticare per ripartire da un nuovo incontro, una terza via nella quale siano rispettate le differenze. È un po' il lavoro che facciamo alla Volksbühne, dove convivono anime diverse, la tradizione e l'avanguardia. Anche l'architettura dell'edificio contiene una contraddizione, ci sono i marmi della cancelleria di Hitler poi usati per un monumento sovietico. Il teatro deve essere sovversivo, deve veicolare una speranza altrimenti è meglio farne una piscina per i bambini della città.[183]

Molto particolari sono i suoi adattamenti di romanzi come quello del libro di successo di Irvine Welsh *Trainspotting*, la cui prima è avvenuta il 26 aprile 1997, soltanto dopo 14 giorni di prove. Si dedica soprattutto alla ricerca di romanzi contemporanei che rispecchino, in un certo qual modo, le sue idee e gli permettano di comunicarle al meglio ai suoi spettatori. È così che il 12 novembre 1998 si assiste alla rappresentazione di *Terrordrom*, dal romanzo omonimo di Tim Staffel, che descrive il distretto berlinese Neue Mitte, con i suoi accentuati interessi commerciali. Nell'aprile del 2000 Castorf porta sul palcoscenico il romanzo di Robert Harris *Vaterland*, che racconta di una fantasticata vittoria della seconda guerra mondiale della Germania; corre l'anno 1964 e Hitler, vivo e vegeto, signore incontrastato della "Europa-Germania", ha 75 anni:

... il vero scandalo è, che, appena qualcuno, osa ancora chiedere degli ebrei. Fin quando compare la giornalista americana Charlotte Maguire (Silvia Rieger) e apertamente e unicamente gli investigatori della polizia giudiziaria delle SS, Xaver März e Max Jäger, danno a intendere

183 Dall'intervista di Cristina Piccino apparsa nel Manifesto del 2 Novembre 2001

ciò che dovrebbe essere successo...[184]

Un altro aspetto interessante della produzione di Castorf è il suo interesse per la letteratura russa, soprattutto per le opere che trattano le differenze tra est ed ovest. Ed è su questa scia che nel 1995 a novembre inscena *Hochzeitreise* di Vladmir Sorokin. Da ricordare sono inoltre *Dämonen* (1999) e *Der Idiot* (2002) di Dostojewski.

A dare fama internazionale a Castorf sono state due rappresentazioni, infatti fino al 1998 aveva goduto solo di un prestigio nazionale. Mi riferisco a *Endstation Amerika* ("Un treno chiamato desiderio") dello scrittore americano Tennessee Williams e *Schmutzige Hände* ("Mani sporche") dello scrittore francese Jean Paul Sartre.

Endstation Amerika è tratta dal famosissimo romanzo *Un tram chiamato desiderio* di Tennesse William, una storia ambientata a New Orleans, dove Stella, una donna incinta, abita nel quartiere francese con un uomo di origine polacca, Stanley. Blanche, sorella di Stella, va a visitarli e ciò provoca una serie di avvenimenti tragici. Stanley scopre il passato di Blanche, ovvero che era stata licenziata dal suo posto di maestra e allontanata con vergogna perché ninfomane, e la violenta. Quello che fa Castorf è di rendere la trama attuale, piena come al solito di provocazioni. L'innovazione maggiore è la presenza della musica rock e di uno schermo sul palcoscenico, attraverso il quale il pubblico viene a conoscenza degli avvenimenti che hanno luogo nel bagno, non visibile altrimenti. Naturalmente l'idea dello schermo si rifà al "Grande Fratello". Leggiamo ciò che dichiara a proposito nella sua intervista al Manifesto:

- Cristina Piccino: *Cosa l'ha attratta in Williams?*
- Frank Castorf: Non avevo mai letto un testo così atroce, in cui affiora il senso di morte della seconda guerra mondiale e la sua persistenza nell'America maccartista, dove l'individuo viveva con la stessa idea di un pericolo incombente. Williams ti porta nel mondo della coca-cola, claustrofobico, di una tristezza che hai voglia di urlare. Quando l'ho letto ho pensato che potevo farlo incontrare con l'enorme serbatoio che era l'est del dopo-Muro. Così Stanley Kowalski diventa un ex-militante di Solidarnosc che cancella le sue radici politico-sociali per fare soldi, diventando un piccolo criminale
- Cristina Piccino: *La sua lettura gioca sugli immaginari è l'America ma siamo in Germania est. Ha pure cambiato titolo.*
- Frank Castorf: Quando affronto un testo cerco coincidenze, situazioni estreme.

184 Thomas Irmer – Harald Müller, *Zehn Jahre Volksbühne – Intendanz Frank Castorf*, Theater der Zeit, Berlin, 2003, pag. 49

Qui si confondono una concezione capitalistica e una illuministica del tempo libero, il mondo di Williams è diventato un luogo che conosco, la Germania, ma anche la casa di Barbie o del Grande fratello e la cultura della Factory di Warhol…[185]

Il lavoro di *Schmutzige Hände* non differisce da quello di *Endstation Amerika*, con questo intendo dire che Castorf decide di utilizzare una storia scritta da Sartre nel 1948 (*Le mains sales*, in francese) e di adattarla al suo tempo. *Schmutzige Hände* ci racconta delle incertezze, preoccupazioni e difficoltà dopo la fine della seconda guerra mondiale, e del nascere di due blocchi contrapposti est-ovest. Ma ciò che Sartre mette bene in evidenza è la rottura tra gli ideali e i compromessi che si hanno in politica. Ed esso è ben rappresentato dai due personaggi: Hoederer, uomo cinico e pratico, e Hugo, idealista e sognatore. Ecco come Hoederer si rivolge in una battuta a Hugo, e ci fa comprendere anche la drammaticità di una Europa che sta cercando di risollevarsi dalle proprie ceneri.

Come ci tieni alla tua purezza, mio piccolo ragazzo! Come hai paura di sporcarti le mani. Ebbene resta puro … la purezza è un'idea da monaco … io ho le mani sporche. Fino al gomito. E le ho immerse nella merda…[186]

Nell'interpretazione del regista berlinese la scena si sposta nella ex-Jugoslavia. Lì vi era nata una guerra a causa della fine del blocco Est-Ovest. Ci si accorge che siamo in Juguslavia grazie a diversi indizi come la bandiera di grandi dimensioni dello stato comunista jugoslavo.

Secondo me, ciò che Castorf ha voluto comunicare è il cinismo presente in politica, dove i protagonisti tendono all'eliminazione del loro avversario. Essi, però, dopo la caduta del Muro di Berlino e delle ideologie, non possono più avvalersi di nessun ideale per giustificare le loro azioni.

Oggi Castorf è un regista cult affermato a livello internazionale e continua a sfornare pezzi teatrali seguendo sempre il suo impegno politico. Molto brevemente, accenno al Prater in Kastanienallee, un edificio storico ampiamente danneggiato che però si voleva recuperare, soprattutto per la sua posizione centrale, e di cui si fece carico lo stesso Castorf. Nominò come direttore artistico Lukas, il figlio del regista

185 Dall'intervista di Cristina Piccino apparsa nel Manifesto del 2 Novembre 2001

186 Jean-Paul Sartre, *Les mains sales,* Gallimard, Paris, 2004, pag.

Thomas Langhoff, che lo trasformò in un trampolino di lancio per giovani, uno dei luoghi di maggior attrazione notturna ("Il Prater divenne velocemente in città il luogo più attrattivo"[187]) e una officina di sperimentalismi.

Quando Lukas (anch'egli giovane artista, nato nel 1964) lasciò l'incarico, nella stagione 1997/1998, il Prater era divenuto ormai una struttura a se stante, indipendente dalla Volksbühne. Ricordando quei giorni Langhoff dice:

> *Era fantastico. Venivano tutti, si precipitavano … e avevamo fino a quaranta prime a sera. Il programma era avvincente e l'atmosfera era allegra. Alla fine tutti potevano festeggiare e godersi il successo … ognuno faceva spietatamente il proprio programma, non c'era un centro personale…*[188]

187 Thomas Irmer – Harald Müller, *Zehn Jahre Volksbühne – Intendanz Frank Castorf*, Theater der Zeit, Berlin, 2003, pag. 125

188 Ibidem, pag. 125

In alto: Volksbühne (2006). Sul tetto del teatro si può notare facilmente la scritta “Ost” (“Est”).
In basso: Christoph Schlingensief inizia il suo progetto *Deutschlandsuche ‘99* presso la Volksbühne. Sulla foto: Sachiko Hara, Christoph Schlingensief, Bernhard Schütz, Irm Herrmann, Klaus Beyer, Kerstin Grassmann - Autore: Schreibkraft / / CC BY-SA 3.0 - https://de.wikipedia.org/wiki/Datei:Deutschlandsuche99.jpg

L'arte

La distinzione tra bar, club e arte era spesso difficile, poiché una cosa si fondeva con l'altra. Nuove piattaforme uscivano ripetutamente fuori dal nulla … Klaus Biesenbach, che allora aveva 24 anni, aveva più o meno preso possesso di un'ex fabbrica vuota di margarina e, insieme con altri, l'usava come luogo per progetti artistici…[189]

Il decennio degli anni novanta ha portato fortuna a Berlino anche nell'arte contemporanea, facendola divenire la capitale mondiale e, come il teatro, si possono contare centinaia di gallerie e migliaia di artisti. E non possono essere omesse delle analogie con gli anni venti, che anche in questo caso, sono presenti:

La situazione di rinnovamento nell'era della post-unificazione attrasse molti artisti e agenti d'arte a Berlino … Berlino è il posto di produzione maggiore a livello mondiale per l'arte contemporanea e nello stesso tempo il luogo con la più alta densità di gallerie di qualità ed alto valore in Europa. Si suppone che qui ci siano più di 300 gallerie, all'incirca 20.000 artisti vivono e lavorano nella città. Tuttavia, il mercato di Berlino sembra lungi dall'essere saturo. Nuove gallerie aprono ogni anno…[190]

Come nei dorati anni venti, Berlino è la capitale mondiale della creatività e dell'arte figurativa. Collezionisti, musei, media, così come i visitatori da tutto il mondo interessati all'arte festeggiano l'attuale mecca dell'avanguardia artistica… [191]

Come tutte le altre scene culturali si è espansa nella parte orientale della città, dove gli spazi erano enormi e gli affitti più che abbordabili. Naturalmente, ci sono stati in questo ramo degli antesignani grazie ai quali è iniziato tutto: hanno "disegnato" un vero e proprio "distretto" dell'arte, e tutt'oggi sentono il bisogno di rinnovarsi e cambiare nuovamente luogo. Attualmente la tendenza è spostarsi dal centro della città al centro-periferia.

Per comprendere l'enorme successo ottenuto all'estero da queste gallerie, basta

189 Mark Gisbourne, Ulf Meyer zu Küingdorf, Jim Rakete, *Kunst Station Berlin*, Knesebeck, München, 2006, pag. 13

190 Angela Hohmann / Imke Ehlers, *Berlin contemporary*, Jovis, Berlin 2005, pag. 9

191 Mark Gisbourne, Ulf Meyer zu Küingdorf, Jim Rakete, *Kunst Station Berlin*, Knesebeck, München, 2006, pag. Tre quarti di copertina

dire che nel 2004 cinque lavori di Martin Eder sono stati venduti a Miami Beach per 36-000 dollari, e tutto questo dopo soltanto 18 minuti dall'apertura della fiera dell'arte. È d'obbligo citare alcune delle gallerie più importanti che hanno creato la scena dell'arte figurativa berlinese.

La **EIGEN + ART** è forse la galleria berlinese più famosa. Il fondatore, Gerd Harry Lybke, aveva iniziato la sua attività a Leipzig, prima di trasferirsi a Berlino e divenire uno dei pionieri della scena artistica:

Nel 1992 Harry Lybke si spostò a Berlin-Mitte. Il quartiere che circondava Auguststrasse e Linienstrasse era ancora molto lontano dall'essere un centro d'arte o il luogo dell'arte contemporanea...[192]

Tra i suoi artisti una figura degna di nota è Neo Rauch, che rispecchia la politica della galleria: promuovere quel tipo d'arte che narra del proprio tempo. Se Lybke ha "inventato" Auguststrasse, Max Hetzler, con la sua **Galerie Max Hetzler**, ha "inventato" Zimmerstrasse:

Nel 1993 Hetzler si trasferì a Berlino e inizialmente occupò i locali nel distretto di Charlottenburg. Nel 1996 voltò le spalle a quest'area a favore della Zimmerstrasse in Berlin-Mitte. In quel periodo, quest'area era per la maggior parte deserta. Oggi è uno dei centri più fiorenti di gallerie...[193]

Mehdi Chouarkri è il proprietario dell'omonima galleria, che ha avuto successo grazie al suo programma internazionale. La sua artista di punta è Sylvie Fleury, una delle più importanti artiste femminili della sua generazione. La **Contemporary Fine Arts** ha avuto uno dei ruoli maggiori nell'aprire il mercato internazionale alle gallerie berlinesi e l'esibizione di apertura nel 1996 è divenuta leggendaria:

... L'esibizione di apertura Is Suicide Genetic? fu leggendaria. Come rappresentante rivoluzionario della "Young British Art", Lucas ha mostrato una coppa del water bianca ... Per la chiusura dell'esibizione una sedia è stata bruciata con un elmetto fatto di sigarette, uno dei materiali favoriti da Lucas a quel tempo.[194]

192 Angela Hohmann / Imke Ehlers, *Berlin contemporary*, Jovis, Berlin 2005, pag. 54

193 Ibidem, pag. 68

194 Ibidem, pag. 42 - 43

La moda

Seguendo la moda è possibile rifarsi a usi e costumi di una società e possiamo ricavare alcune caratteristiche di una città o di una nazione. Questa non ha mai avuto una grande importanza a Berlino (in passato anche celebrità, come Marlene Dietrich, non avevano uno spiccato gusto dello stile), ma negli anni novanta si ha avuto un cambio di tendenza. E se ne analizziamo il fenomeno, cosa ne ricaviamo? La Berlino degli anni novanta e l'individualismo della "Generazione Golf":

Oggi a Berlino sono presenti scuole di moda rinomate, davanti a tutte la ESMOD, la Lette-Verein e la classe di Moda di Vivienne Westwood alla "Universität der Künste" … La moda viene liberata dalla sovrastruttura filosofica e si dichiara per ciò che è: fugacità. Questo si accorda con Berlino; riguarda il momento, l'istante. Le parole chiave delle nuove prospettive della moda sono: individualità, fantasia e grazia…[195]

E, naturalmente, come è successo con le altre arti, la moda berlinese non ha avuto solo successo all'estero, ma ha attratto tantissimi stilisti stranieri in città:

In misura crescente le case di moda incontrano il cammino, che conduce dall'estero a Berlino. Just Mariot e Frank Leder hanno trasferito i loro atelier a Berlino...[196]

195 Hans-Jörg Clement, *Szene Berlin - Ein Kultur-Lesebuch*, Bostelmann & Siebenhaar, Berlin, 2003, pag. 17

196 Ibidem, pag. 193

Letteratura underground. Vorlesebühne. Hip Hop. Graffiti

Berlino negli anni '90 ha visto nascere e crescere il fenomeno della letteratura underground fatta dai giovani e rivolta ai giovani, che la vivono, assieme al teatro e a tutte le altre attività culturali, come un diversivo e un'alternativa alle discoteche della vita notturna.

Gli autori della scena letteraria si esibiscono in locali, dotati di Vorlesebühne ("Palcoscenici da letture") e leggono ad alta voce le loro storie, accompagnati da uno sfondo musicale.

Essi scrivono soprattutto per intrattenere, e raccontano la "banale quotidianità" (molto spesso utilizzando lo slang berlinese), ad esempio scrivendo di un passero, della spesa, del dentifricio, del vicino, della bicicletta, etc. etc.:

La finestra sul cortile
Tu sei di nuovo
nuda nella mia cucina
ed io vorrei
essere il mio vicino
che desidera
essere me [197]

Elementi fondamentali sono la spontaneità e la teatralità delle letture, ossia fondamentale è anche come lo scrittore legge, la voce e la mimica. La letteratura underground comprende differenti gruppi di scrittori come quelli della Social Beat o della Slam Poetry, i quali organizzano delle vere e proprie gare di rima che vengono decise dal pubblico. Le Vorlesebühne sono locate maggiormente nei quartieri di Prenzlauer Berg e Berlin Mitte: sono all'incirca dieci e dai nomi differenti. La più famosa è la Reformbühne Heim und Welt, dove gli scrittori si congedano dal pubblico con una canzone. Durante la lettura si canta o si balla. La lettura (durante la quale per la grande affluenza di pubblico molti rimangono in piedi) ha luogo di solito il sabato alle 20.15 nel Café Burger in Torstraße, vicino a Rosa-Luxemburg-Plaz.

197 Poesia di Rober Weber in: Ahne, Spider, Stein, Tube, Weber, Lt. Surf, *Die Surfpoeten*, Voland & Quist, Dresden und Leipzig, 2004, pag. 40

- Hip hop e graffiti

Esistono altri tipi di scrittori che hanno avuto un grande peso nella cultura underground berlinese e che non possono essere ignorati. Mi riferisco agli scrittori di graffiti e dei testi di musica hip hop che sono particolarmente presenti a Kreuzberg, a causa della difficile situazione dei turchi che hanno difficoltà ad integrarsi, e nei quartieri dell'ex Berlino est, per la forte disoccupazione e per i disagi sociali. Infatti, i giovani riescono ad uscire da una vita fatta di criminalità e droga grazie ai loro "sfoghi artistici", ovvero graffiti e musica hip hop[198]. Ecco cosa dice Adrian Nabi, scappato di casa perché costretto dal padre a lavorare sin dalla tenera età:

> *Quando sei quattordicenne o quindicenne, vuoi uscire e divertirti, gironzolare con i tuoi amici e giocare. Non vuoi lavorare per tuo padre e ricevere un cazzotto nel muso se fai un qualsiasi errore. A sedici anni ne avevo fin sopra i capelli e sono andato via di casa ... Allora quando cercavo di addormentarmi in qualche portone di casa, nella mia mente trascorrevano sempre le stesse immagini. Cosa faccio domani? Da dove prendo il cibo? ... Quando ci si ritrova in tali circostanze, diviene facile per tutti finire in situazioni spiacevoli e diventare un criminale ... Ma io avevo uno spirito Hip-Hop, che mi ha trattenuto nel combinare guai. Hip Hop non significa soltanto mettersi un berretto, indossare un paio di scarpe da ginnastica, fabbricare un paio di rime. Hip Hop è cultura. Hip Hop è una visione di vita. Si cerca di pensare positivamente e creativamente, ad agire e a vivere. Hip Hop è anche il contrario di violenza...*[199]

Per capire ancor meglio questo fenomeno dilagante tra i giovanissimi basta guardare il film *Status Yo! – Kino von der Strasse*, dove il regista mirabilmente, a ritmo e rime di hip hop e graffiti, riesce a narrare le vite di alcuni ragazzi nella capitale e termina con uno di quei leggendari party della Berlino degli anni '90. Sullo sfondo il disagio sociale di persone ai margini della società.

198 Nell'hip hop le rime sono importantissime, sicchè esso è una fusione di genere letterario e musicale.

199 Articolo di Adrian Nabi e Tamara Domentat, *Hip Hop leben: Positiv denken und handeln*, in: Oliva Henkel / Tamara Domentat / René Westhoff, *Spray City – Graffity in Berlin*, Schwarzkopf, Berlin, 1994, pag. 132-134

Techno e club notturni

I locali notturni, come i teatri, affondano le loro origini nei "dorati anni venti". I berlinesi hanno sviluppato, infatti, a partire da quegli anni, un forte senso del divertimento che proseguirà anche negli anni della divisione. Allora la figura del Discjockey non era stata ancora inventata:

Nel 1930 l'intera Berlino contava 899 locali da ballo ... Con molteplici slogan per party, come ad esempio "Festa sulla spiaggia tra le dune" o "Notti alle Hawaii", si presentavano di notte "le belle donne in costume da bagno"...[200]

Quando il Muro cadde la musica espresse il cambiamento in corso. Per la prima volta dopo il conflitto mondiale avanzava una nuova generazione di giovani appartenenti ad una Germania unita. E quale miglior modo per esprimerlo se non attraverso feste, localizzate in nuovi club (la maggioranza illegali) divenuti poi leggendari, e un sound tutto nuovo che avrebbe attratto curiosi di tutto il mondo a Berlino:

New York 1991, seminario di "New Music": "Conosce un posto a Berlino chiamato la ›Cassaforte‹?", mi chiede un mio amico americano, Sam, davanti ad una tazza di caffè. Ci sono voluti sicuramente 60 secondi, prima che io capissi, che egli intendesse il club techno "Tresor" presso la Potsdamer Platz e il cui nome lo aveva tradotto in inglese ... Dopo la caduta del Muro si sviluppò nei locali della scena berlinese tra la Sprea e Pankow una nuova sensazione della vita come risultato diretto della storia tedesca-tedesca. Dal punto di vista attuale la techno è un fenomeno della svolta (periodo in cui avvennero i fatti che portarono alla caduta del Muro) berlinese: già poco prima dell'ora zero (si riferisce al momento della caduta del Muro), i giovani di entrambe le parti della città ballavano ai suoi monotoni ritmi "Stakkator" ... "la techno è stato il primo ambito nella vita sociale della Germania unita e dove vi è stata una riunificazione", ricorda il celebre discjockey Paul van Dyk, nativo di Eisenhüttenstadt. "Un giovedì si sono aperte le frontiere e sabato noi facevamo un party in comune nel club cult - UFO - di Berlino ovest". Le persone dell'est erano molto più "affamate" e euforiche dei loro "fratelli e sorelle dell'ovest". Gli "Ossis" hanno festeggiato meglio, perché durante il periodo della dittatura non potevano farlo ... I primi party illegali sono stati

200 Articolo di Nico Mesterharm, *Der große Schwoof*, in: Nico Mesterharm, Joel Amaretto, Wolfgang Brückner, *Berlin Tecknology – Teil 1: Clubland & Leute*, a-verbal, Berlin, 1997, pag.17 -.18

organizzati in luoghi segreti, in cantine, in capannoni; gli organizzatori riuscivano soltanto a coprire i costi delle spese e portavano divertimento e avventura ... Nello spopolato centro città tra Potsdamer Platz, Köpenicker Straße e Görlitzer Stadtbahnhof (zona centrale di Berlino, spopolata e abbandonata perché attraversata dal Muro) c'era sufficiente spazio per party selvaggi ... la scena venne caratterizzata profondamente nel suono, nello stile e nell'estetica nei club "Gymnastix", "Tabou", "Tresor", "Planet", "Walsisch", "Praxis", "Bunker" e in un'infinità di "luoghi di pellegrinaggio" dalla vita breve ... Ogni club riluceva con differenti pregi e un detto: "Per chi sa" ... Amore libero, droghe libere, gente libera ... Locazioni strane, gioia in esperimenti musicali da parte dei Dj, interni improvvisati e persone gentili al banco: la noiosa quotidianità rimaneva di regola fuori, davanti al portone d'ingresso dei club...[201]

Questo fenomeno giovanile è divenuto tema di molti romanzi. Anzi non si può concepire la nuova generazione di scrittori eludendo il fattore musica, presente in tutti i loro testi. Ecco come viene ricordato il sopracitato Tresor in *Mai 3D*:

Buono, che ci sono After-Hour-Parties! Il Tresor era ancora super affollato. È strano, direttamente fuori dal letto digiuno, a passeggiare in un tempio della techno pieno di fumi e sudori...[202]
Felix aveva sempre un enorme programma per il tempo libero e mi trascinava attraverso un migliaia di club. Conosceva i night club del lunedì, martedì e giovedì, e nella casa occupata, dove egli trascorreva la maggior parte del tempo, vi era comunque ogni giorno una festa sul tetto, nel cortile, nella cantina ... di sera andavamo sui numerosi tetti delle case nella Tucholskystraße, guardavamo la cupola dorata della sinagoga e le piantagioni di canapa sui balconi. Sopra di noi volava un dirigibile, sotto di noi rimbombava una festa Trip-Hop...[203]

Moltissimi DJ, vere e proprie star, sono divenuti leggendari, come ad esempio Kid Paul, Dr. Motte, DJ Frankie, DJ Tama Sumo, DJ Jonzon, DJ Kiki, Sven Röhrig, i DJ Woody e Rok, etc., etc. Da citare sono anche le numerose manifestazioni che si sono tenute, il Mayday o la Love Parade, uno dei simboli della Berlino riunificata:

... L'organizzatore Dr. Motte: "Noi abbiamo annunciato la Love Parade come manifestazione

201 Ibidem, pag. 30 - 33

202 Alexa Hennig von Lange, Till Müller-Klug, Daniel Haaksman, *Mai 3D*, List, München, 2002, pag. 141

203 Tanja Dückers, *Spielzone*, AtV, Berlin, 2005, pag. 108 - 109

per la pace, la gioia, la frittata. La pace sta per disarmo, gioia per intesa tra i popoli e la frittata per l'equa divisione degli alimenti nel mondo" … Passanti confusi si meravigliarono: giovani soddisfatti, senza grandi pretese di protesta, semplicemente impegnati a ballare. Piacere nella vita, piacere nell'estate, piacere nella techno … Trascorrere dei bei momenti, essere giovani, liberi e rumorosi, tutti insieme e ognuno per sé – non significa qualcosa questo? … L'amore guadagna terreno…[204]

Erano maratone che duravano ininterrottamente dal sabato sera fino alla domenica a mezzogiorno. Il concetto portante della musica techno non è dissimile dalla "Io-Generazione" della Judith Hermann:

Gli anni novanta diedero molta forza all'individualismo, così che non ci fu più posto per le ideologie. La techno è la prima cultura giovanile senza contenuto, un movimento di penitenza verso una totale soddisfazione corporea individuale. La parola d'ordine è "festeggiare pacificamente fino all'estasi"…[205]

Il film *Julietta – es ist nicht wie du denkst* ("Giulietta – non è come pensi") è una storia d'amore a tre che ha come sfondo la Love Parade di Berlino e i temi più cari della Generation Golf.

Il club Tresor (settembre 2003), divenuto un luogo cult a livello internazionale negli anni '90. File scaricato da Wikimedia Commons, autore non ancora ben identificato: si presume sia Michael Brossmann

204 Articolo di Amaretto/Mesterharm, *Love Parade*, in: Nico Mesterharm, Joel Amaretto, Wolfgang Brückner, *Berlin Tecknology – Teil 1: Clubland & Leute*, a-verbal, Berlin, 1997, pag. 127

205 Ibidem, pag. 47

Il Tacheles era uno dei simboli di edifici occupati, che offriva ampi spazi agli artisti. Era utilizzato anche per le famose feste "selvagge" degli anni '90. Fino alla sua chiusura per ristrutturazione ha rappresentato un centro di una cultura sperimentale, giovanile, internazionale, che ha attratto giornalisti, artisti e turisti di tutto il mondo.

Foto in alto: durante uno degli ultimi party all'interno del Tacheles.
A sinistra il Dr. Motte, fondatore della Love Parade. Durante la mia intervista, alla domanda di cosa ne pensa dei mutamenti della città, mi ha risposto: "Berlino è divenuta principalmente un luogo per turisti, che vengono alla scoperta di una metropoli genuina, vera che non esiste più. Negli anni '90 era diverso, non voglio negare il progresso, o meglio, non vogliamo negarlo, ma non si può vietare la cultura e non tutto può essere messo in vendita".

Conclusione

Nel mio libro, attraverso l'analisi dettagliata di due racconti di Judith Hermann, ho tentato di descrivere le gioie, le speranze, le piccole e grandi difficoltà della sua generazione (apolitica, dei *Thirty-somethings,* ben caratterizzati nel libro *Generation Golf* di Florian Illies, contrapposta ai *Zonenkinder* della Germania orientale) – così come la giovane Berlino degli anni '90, del dopo Muro. Una metropoli mutata e sempre in continua mutazione, che ha svolto, svolge e sempre svolgerà un ruolo principale in Europa.

Le storie della scrittrice ci hanno condotto per mano tra le vie della Berlino est, dove si svolge la vita culturale della città, tra i suoi teatri e cinema: abbiamo partecipato alle feste dei giovani e ascoltato in macchina la musica ad alto volume dei Ween, Trans-AM, di Dawid Bowie e Bach tra i vialoni della capitale, come la *Frankfurter Allee.* Abbiamo conosciuto i caratteristici *Stalin-Bauten* e vagato tra i quartieri industriali della Sprea tra i suoi "palazzi sgangherati" con le ringhiere divelte e gli scalini scricchiolanti; quartieri questi ereditati dalla DDR. Ci siamo diretti poi verso le strade di campagna con le casette misere e storte, che recano sulle staccionate di legno marcio la scritta "Berlinesi fuori!". Ma abbiamo anche conosciuto *Kreuzberg*, un rione occidentale, dove Judith Hermann è cresciuta e dove, prima della caduta del Muro, si svolgeva la vita culturale, notturna, con la sua "scena alternativa" e i movimenti studenteschi, della parte occidentale della metropoli.

Nel capitolo sull'architettura ho trattato, invece, un'altra Berlino, che nel ruolo di ritrovata capitale, tedesca ed europea, ha iniziato a costruire forsennatamente strutture degna di essa. In meno di dieci anni è nato un quartiere dal nulla, quello governativo, e si è rifatta una *Potsdamer Platz*, totalmente differente da com'era in precedenza. Oggi si sta pensando di risanare totalmente tutti i quartieri dell'ex parte est e tentando, dunque, di trasformare la parte orientale in una zona pulita e ordinata, per borghesi. Si riuscirà ad evitarlo? Questa tradizione di continuo rinnovamento cancellerà, forse, ogni traccia della Berlino degli anni '90, dell'immediato dopo Muro? Spero di no, comunque, i racconti di Judith Hermann, ne hanno lasciato una testimonianza indelebile, soprattutto per le prossime generazioni.

Bibliografia

1. Letteratura

Hermann Judith, *Sommerhaus, später*, Fischer Verlag, Frankfurt am Main, 2000

Hermann Judith, *Nichts als Gespenster*, Fischer Verlag, Frankfurt am Main, 2003

Becker Thorsten, *Die Bürgschaft*, Amman, Zürich, 1985

Biermann Pieke, *Berlin, Kabbala*, Transit, Berlin, 1997

Brussig Thomas, *Am kürzeren Ende der Sonnenallee*, Fischer Taschenbuch Verlag, 2001

Brussig Thomas, *Helden wie wir*, Fischer Taschenbuch Verlag, Frankfurt am Main, 2005

Dückers Tania, *Spielzone*, Aufbau Taschenbuch, Berlin, 2005

Franck Julia, *Liebediener*, DTV, München, 2001

Franck Julia, *Bauchlandung - Geschichten zum Anfassen*, DTV, München, 2002

Franck Julia, *Lagerfeuer*, DTV, München, 2005

Gläser Andrea, *Der BFC war schuld am Mauerbau*, ATV, Berlin, 2003

Hein Jakob, *Mein erstes T-Shirt*, Piper, München, 2005

Hennig Falko, *Volle Pulle Leben - 10 Jahre Reformbühne Heim & Welt*, Goldmann, München, 2005

Hennig von Lange Alexa - Müller-Klug Till - Haaksman Daniel, *Mai 3D*, List, München, 2002

Hettche Thomas, *Nox*, Suhrkamp, Frankfurt am Main, 1995

Junge Ricarda, *Silberfaden*, Fischer, Frankfurt am Main, 2002
Kaiser Regina, Karlstedt Uwe, *Zwölf heißt 'Ich liebe dich": Der Stasi-Offizier und die Dissidentin*, Droemer/Knaur, Berlin, 2004

Kaminer Wladmir, *Schönhauser Allee*, Goldmann Verlag, München, 2001

Kaminer Wladmir, *Russendisko*, Goldmann Verlag, München, 2002

Kaminer Wladmir, *Militärmusik*, Goldmann Verlag, München, 2003

Kaminski Volker, *Spurwechsel*, DVA, Stuttgart München, 2001

Kara Yadé, *Selam Berlin!*, Diogenes Taschenbuch, Zürich, 2004

Knef Hildergard, *Der geschenkte Gaul*, Ullstein, Frankfurt am Main / Berlin / Wien, 1973

Kubiczek André, *Junge Talente*, Rowohlt, Reinbek bei Hamburg, 2003

Kunst Thomas, *Sonntage ohne Unterschrift*, Tisch 7, Köln, 2005

Lager Sven, *Phosphor*, KiWi, Köln, 2000

Lange-Müller Katja, *Bahnhof Berlin*, dtv, München, 1997

Liebmann Irina, *In Berlin*, BvT, Berlin, 2002

Martin Marko, *Der Prinz von Berlin*, Quadriga, München, 2000

Maus Stephan, *Alles Mafia! - Eine Gangsta Rhapsodie*, Rowohlt Berlin, Berlin, 2000

Meichsner Dieter, *Die Studenten von Berlin*, Schöffling & Co., Frankfurt am Main, 2003

Morshäuser Bodo, *Der weiße Wannsee. Ein Rausch*, Suhrkamp, Frankfurt am Main, 1997

Özdamar Emine Sevgi, *Seltsame Sterne starren zur Erde*, Kiepenheuer & Witsch, Köln, 2004

Özdamar Emine Sevgi, *Die Brücke vom Goldenen Horn*, Kiepenheuer & Witsch, Köln, 2005

Parei Inka, *Die Schattenboxerin*, Fischer Verlag, Frankfurt am Main, 2001
Richter Peter, *Blühende Landschaften - Eine Heimatkunde*, Goldmann, München, 2004

Röggla Katrin, *Irres Wetter*, Fischer, Frankfurt am Main, 2000

Röggla Katrin, *Abrauschen*, Fischer, Frankfurt am Main, 2001

Schad Martha, *Frauen gegen Hitler. Schicksale im Nationalsozialismus*, Heyne, Berlin, 2002

Schneider Peter, *Der Mauerspringer*, Rowohlt, Reinbek bei Hamburg, 1995

Simon Jana, *Denn wir sind anders - Die Geschichte des Felix S.*, Rowohlt, Reinbek bei Hamburg, 2003

Sparschuh Jens, *Der Zimmerspringbrunnen*, Goldmann, München, 1997

Staffel Tim, *Terrordrom*, Ullstein, Berlin, 1999

Wawerzinek Peter, *Das Kind das ich war / Mein Babylon*, Fischer, Frankfurt am Main, 1997

Wawerzinek Peter, *Moppel Schappiks Tätowierungen*, Unabhängige Verlagsbuchhandlung Ackerstraße, Berlin, 1991

Woelk Ulrich, *Rückspiel*, Fischer, Frankfurt am Main, 1995

Wolf Christa, *Was bleibt*, dtv, München, 2001

Wolf Christa, *Der geteilte Himmel*, dtv, München, 2006

Zaimoglu Feridun, *Kopf und Kragen - Kanak-Kultur-Kompendium*, Rotbuch, Hamburg 2006

Zaptcioglu Dilek, *Der Mond isst die Sterne auf*, cbt, München, 2006

Zelik Raul, *Berliner Verhähltnisse*, Blumenbar, München, 2005

Zoë Jenny, *Ein schnelles Leben*, Aufbau - Verlag, Berlin, 2002

- *Saggi*

Dreier Ricarda, *Literatur der 90er- Jahre in der Sekundarstufe II: Judith Hermann, Benjamin von Stuckrad-Barre und Peter Stamm*, Schneider Verlag Hohengehren, Berlin, 2005

Eden Wiebke, *Keine Angst vor großen Gefühlen, Schriftstellerin – ein Beruf, Elf Porträts. Jenny Erpenbeck, Julia Franck, Judith Hermann, Felicitas Hoppe, Zoë Jenny, Stefanie Kremser, Tanja Langer, Grit Poppe, Katrin Röggla, Birgit Vanderbeke, Maike Wetzel*, Fischer, Frankfurt am Main, 2003

Kleinau-Metzler Doris, *Lebenskunst. Sieben Begegnungen. Jean-Christophe Ammann, Judith Hermann, Jürgen Kadow, Henning Köhler, Georg Kühlewind, Christian Nickel, Dorothee Sölle*, Freies Geistesleben, Berlin, 2002

Mein Georg, *Erzählungen der Gegenwart: von Judith Hermann bis Bernhard Schlink*, Oldenbourg Schulbuchverlag, Berlin, 2005

Ahne, Spider, Stein, Tube, Weber, Lt. Surf, *Die Surfpoeten*, Voland & Quist, Dresden und Leipzig, 2004

Arzeni Flavia, *Berlino - Un viaggio letterario*, Sellerio editore, Palermo, 1998

Berliner Begegnungen - Ausländische Künstler in Berlin 1918 bis 1933, Dietz Verlag, Berlin, 1987

Bohn Volker, *Deutsche Literatur seit 1945*, suhrkamp, 1995

Böer Ingeborg, Haerkötter Ruth, Kappert Petra, *Türken in Berlin 1871 - 1945; Eine Metropole in den Erinnerungen osmanischer und türkischen Zeitzeugen*, de Gruyter, Berlin · New York, 2002

Ernst Thomas, *Popliteratur*, eva wissen, Hamburg, 2005

Haustedt Birgit, *Die wilden Jahre in Berlin – Eine klatsch und kulturgeschichte der Frauen*, Edition Ebersbach, Berlin, 20002

Hensel Jana, *Zonenkinder*, Rowohlt Taschenbuch Verlag, Reinbek bei Hamburg, 2004

Illies Florian, *Generation Golf, eine Inspektion*, Fischer Taschenbuch Verlag, Frankfurt am Main, 2003

Kraushaar Tom, *Zonenkinder - die Geschichte eines Phänomens*, Rowohlt Taschenbuch Verlag, Reinbeck bei Hamburg, 2004

Langer C. Phil, *Kein Ort. Überall. Die Einschreibung von „Berlin" in die deutsche Literatur der neunziger Jahre*, Weidler Buchverlag, Berlin 2002

Leinemann Susanne, *Aufgewacht. Mauer weg*, Bastei Lübbe Tascenbücher, Stuttgart München, 2004

Oberhauser Fred - Henneberg Nicole, *Literarischer Führer Berlin*, Insel Verlag, Frankfurt am Main/Leipzig, 2003

Radisch Iris, *Zwei getrennte Literaturgebiete, Deutsche Literatur der neunziger Jahre in Ost und West*. In: *Text und Kritik. Sonderband IX/00: DDR-Literatur der neunziger Jahre*. Hrsg. v. Heinz Ludwig Arnold. München 2000, S. 13-26

- *Antologie*

AA.VV., *Berlin Babylon - Antologia di giovani scrittori tedeschi, Oscar Mondadori*, Milano, 2004

Becker Jürgen Jakob - Ulrich Janetzky, *Die Stadt nach der Mauer. Junge Autoren schreiben über ihr Berlin*, Ullstein, 1998

Kaminer Wladmir, *Frische Goldjungs. Storys*, Goldmann Verlag, München, 2001

Schwab Waltraub, *Berlin ist eine Frau - Reportagen und Porträts*, Jaron, Berlin, 2005

Tuschick Jamal, *Morgen Land. Neueste deutsche Literatur,* Fischer, Frankfurt am Main, 2000

2. Architettura

Dickel Hans/Fleckner Uwe, *Kunst in der Stadt - Skulpturen in Berlin*, Nicolai, Berlin, 2003

Eichwede Wolfgang - Kayser Regine, *Berlin Moskau - Metropolen im Wandel*, Jovis, Berlin, 2003

Hegemann Werner, *La Berlino di pietra*, Mazzotta, Milano, 1975
Imhof Michael/ Krempel León, *Berlino, la nuova architettura dal 1989 ad oggi*, Michael Imhof Verlag, Petersberg, 2005

Kadatz Hans-Joachim, *Berlin. Architektur der Hauptstadt der Deutsche Demokratischen Republik*, Seeman, Leipzig, 1973

Klausmeier Axel - Schmidt Leo, *Mauerreste - Mauerspuren,* Westkreuz-Verlag, Berlin/ Bonn, 2007

Magnago Lampugnani Vittorio - Michael Mönninger, *Berlin Morgen. Ideen für das Herz einer Groszstadt*, Hatje, Stuttgart, 1991

Spagnoli Lorenzo, *Berlino XIX e XX secolo - Guida all'architettura moderna*, Zanichelli, Bologna, 1993

Stimman Hans, *Stadterneuerung in Ost-Berlin vom "sozialistischen Neuaufbau" zur "komplexen Rekonstruktion"*, S.T.E.R.N., Berlin 1988

Wörner Martin - Doris Mollenschott, Karl-Heinz Hüter, *Architekturführer Berlin*, Reimer, Berlin, 1991

- *Documentario*

Berlin Babylon; regia: Hubertus Siegert, 2000

3. Cinematografia

Das Leben ist eine Baustelle; regia: Wolfgang Becker, 1997

Die 120 Tage von Bottrop; regia Christoph Schlingensief, 1997

Lola rennt; regia: Tom Tykwer, 1998

Sonnenallee; regia: Leander Haußmann, 1999

Ich Chef, du Turnschuh; regia: Hussi Kutlucan, 1999

Die Unberührbare; regia: Oskar Roehler, 2000

Berlin is in Germany; regia: Hannes Stöhr, 2001

Der Zimmerspringbrunnen; regia: Peter Timm, 2001

Stille Nacht - Ein Fest der Liebe; regia: Dani Levy, 2001

Julietta - Es ist nicht wie Du denkst; regia Christoph Stark, 2002

Wie Feuer und Flamme; regia: Connie Walther, 2002

Good Bye Lenin!; regia: Wolfgang Becker, 2003

Herr Lehmann; regia: Leander Haußmann, 2003

Liegen lernen; regia: Hendrik Handloegten, 2003

Wir; regia: Martin Gypkens, 2004

Alles auf Zucker; regia: Dani Levy, 2005

Sommer vorm Balkon; regia: Andreas Dresen, 2006

Nichts als Gespenster; regia: Martin Gypkens, 2007

- *Saggi*

Vogt Guntram, *Die Stadt im Film. Deutsche Spielfilme 1900-2000,* Schüren Pressverlag, Marburg, 2001

Da Caligari a Good Bye, *Lenin! - Storia e cinema in Germania*, Le Lettere, Firenze, 2004

4. Arte, Musica,Teatro

AA. VV., Die Weimarer Republik – Drama und Magie der ersten deutschen Demokratie, Geo Epoche, luglio 2007 (arte, musica, teatro, storia, architettura, cinema)
AA.VV., *marke b - berliner labels - discographien*, Verbrecher Verlag, Berlin, 2002 (musica)

Balitzki Jürgen, *Castorf, der Eisenhändler*, Links, Berlin, 1995 (teatro)

Brennberger-Zens Iris, *Gut drauf und voll daneben*, Argon Verlag, Berlin, 1995 (arte, musica, teatro)

Chiarini Paolo - Gargano Antonella, *La Berlino dell'espressionismo*, Editori Riuniti, Roma, 2001 (architettura, arte, musica, teatro, letteratura, cinema)

Choroschilow Pawel, Harten Jürgen, Sartorius Joachim, Schuster Peter-Klaus, *Berlin - Moskau, Moskau - Berlin, Chronik 1950 - 2000*, Nikolai, Berlin, 2004 (storia, arte, architettura, cinematografia, teatro, musica, letteratura)

Clement Hans-Jörg, *Szene Berlin - Ein Kultur-Lesebuch*, Bostelmann & Siebenhaar, Berlin, 2003 (architettura, arte, musica, teatro, letteratura, cinema)

Detje Robin, *Frank Castorf. Provokation aus Prinzip*, Henschel Verlag, Berlin, 2002 (teatro)

Finkielkraut Alain - Houellebecq Michel - Schulte-Herbrueggen Thomas - Sloterdijk Peter - Weibel Peter, *Kapitalismus und Depression II, Glück ohne Ende: Buch zur Uraufführung von Frank Castorfs 'Elementarteilchen'-Inszenierung nach Texten von Michel ... Volksbühne am Rosa-Luxemburg-Platz, Berlin*, Alexander Verlag, Berlin, 2000 (teatro)

Foster Norman - Baker Frederick - Lipstadt, *The Reichstag Graffiti / Die Reichstag-Graffiti*, Jovis, Berlin, 2003 (arte)

Gilles Catherina, *Kunst und Nichtkunst: Das Theater von Christoph Schlingensief*, Königshausen & Neumann, Berlin, 2008 (teatro)

Gisbourne Mark - zu Küingdorf Ulf Meyer - Rakete Jim, *Kunst Station Berlin*, Knesebeck, Berlin, 2005 (arte)

Hegemann Carl, *Endstation Sehnsucht. Kapitalismus und Depression I*, Alexander Verlag, Berlin, 2000 (teatro)

Henkel Oliva - Domentat Tamara - Westhoff René, *Spray city - Graffiti in Berlin*, Akademie der Künste, Berlin, 1994 (arte, musica)

Hohmann Angela / Ehlers Imke, *Berlin Contemporary*, jovis, 2005 (arte)

Irmer Thomas – Müller Harald, *Zehn Jahre Volksbühne - Intendanz Frank Castorf*, Theater der Zeit, Berlin, 2003 (teatro)

Mangler Christoph, *City language Berlin*, Prestel, München/Berlin/London/New York, 2006 (arte)

Mesterharm Nico - Amaretto Joel - Brückner Wolfgang, *Berlin Tecknology - teil 1: club & Leute*, a-verbal edition, Berlin, 1997 (musica)

Müller Heiner, *Krieg ohne Schlacht: Leben in zwei Diktaturen. Eine Autobiographie*, Kiepenheuer & Witsch, 1994 (teatro)

Neumann Bert, *Imitation of life*, Theater der Zeit, Berlin, 2001 (teatro)

Schilhan Günter, *Meine Stadt*, Böhlau, Wien, 2000 (teatro)

Schütt Hans-Dieter - Hehmeyer Kirsten, *Castorfs Volksbühne*, Schwarzkopf & Schwarzkopf, Berlin, 1999 (teatro)

Siebenhaar Klaus, *Kulturhandbuch Berlin - Geschichte & Gegenwart von A-Z*, Bostelmann & Siebenhaar, Berlin, 2001 (architettura, arte, musica, teatro, letteratura, cinema)

- *Documentari e film riguardanti arte, musica e teatro*

Schlingensiefs Container; regia: Poet Paul, 2000 (teatro)

Dämonen; regia: Frank Castorf, 2000 (teatro)

Christoph Schlingensief Hamlet - This is your family Nazi-line; regia: Kern Peter, 2001 (teatro)

Status Yo! Kino von der Strasse! - Der Hiphop Film aus Berlin; regia: Hastreiter Till, 2004 (arte, musica)

Der Idiot; regia: Frank Castorf, 2006 (Teatro)

Lou Reed's Berlin; regia: Schnabel Julian, 2008 (musica)

5. Storia

AA. VV., *Berlin – Die Bildchronik / The illustrated history*, DuMont monte Verlag, Köln, 2003

AA.VV., *Berlin, 800 Jahre Geschichte in Wort und Bild*, WEB Deutscher Verlag der Wissenschaften, Berlin, 1980

AA.VV., 750 *Jahre Berlin, Stadt der Gegenwart*, Ullstein, Berlin, 1986

Bahrmann Hannes - Links Christoph, *Chronik der Wende - Die Ereignisse in der DDR zwischen 7. Oktober 1989 und 18. März 1990*, Ch. Links Verlag, Berlin, 1999

Brandt Willy, *Erinnerungen*, Propyläen Verlag, Frankfurt am Main, 1989

Cobbers Arnt, *Kleine Berlin-Geschichte vom Mittelalter bis zur Gegenwart*, Jaron Verlag, 2004

Erler Peter – Knabe Hubertus, *Der verbotene Stadtteil - Stasi-Sperrbezirk Berlin-Hohenschönhausen*, Jaron Verlag, Berlin, 2005

Funder Anna, *Stasiland: True Stories from Behind the Berlin Wall*, Granta Books, New York, 2003

Gaddis John Lewis, *La guerra fredda - cinquant'anni di paura e di speranza*, Oscar Mondadori, Milano, 2008

Haus Wolfgang, *Geschichte der Stadt Berlin*, B.I.-Taschenbuchverlag, Mannheim, 2000

Hertle Hans-Hermann/Wolle Stefan, *Damals in der DDR*, Goldmann

Taschenbuchausgabe, München, 2006

Hoffmann Andreas - Hoffmann Matthias, *Die Mauer - Touren entlang der ehemaligen Grenze*, nicolai, Berlin, 2003

Keller Dietmar - Kirchner Matthias, *Biermann und kein Ende*, dietz berlin, Berlin, 1991

Large David Clay, *Berlin*, Basic Books, New York, 2000

Materna Ingo/Ribbe Wolfgang, *Berlin - Geschichte in Daten*, Fourierverlag, Wiesbaden, 2003

Nechama Andreas, Schoeps Julius, Simon Hermann, *Juden in Berlin*, Henschen Verlag, Berlin, 2002

Ribbe Wolfgang - Jürgen Schmädeke, *Klein Berlin-Geschichte*, Stapp, Berlin, 1988

Richie Alexandra, *Berlino. Storia di una metropoli*, Mondadori, Milano, 2003

Venturi Alfredo, *Il Novecento visto da Berlino - Il fututo è passato di qui*, Boroli Editore, Milano, 2004

- *Documentari*

Berlin: Symphony of a Great City; regia: Walter Ruttmann, 1928

Einheit SPD-KPD - Die Vereinigung der SED; regia: Dr.Kurt Maetzig, 1946

Das Leben unseres Präsidenten: Wilhelm Pieck; regia: Dr.Kurt Maetzig, 1946

Baumeister des Sozialismus - Walter Ulbricht; regia: Elsa Ensink, Theo Grandy, 1953

Schaut auf diese Stadt - Die Geschichte West-Berlins; regia: Karl Gass, 1962

Die Mauer - Die Demontage eines Alptraumes; regia: Jürgen Böttcher, 1990

Berlin '48 - Die grosse Luftbrücke; regia: Alexander Douglas, 2000

Berlin in den Zwanziger Jahren; regia: Irmgard von zur Mühlen, 2002

Bomben auf Berlin - Leben zwischen Furcht und Hoffnung; regia: Irmgard von zur Mühlen, 2002

Bomben auf Berlin - Leben zwischen Furcht und Hoffnung; regia: Irmgard von zur Mühlen, 2002

Schlacht um Berlin - Stunde Null; regia: Baake Franz, 2002

Berlin unter den Alliierten 1945-1949; regia: Irmgard von zur Mühlen, 2002

Berlin im Kalten Krieg - Der Weg in die Spaltung 1949-61; regia: Michael Kloft, 2002

Berlin Ruine 1945 - Metropole 2000; regia: Irmgard von zur Mühlen, 2002

Der Aufstand - Ein packendes Dokudrama über den 17. Juni 1953 in Berlin; regia: Blumenberg Hans-Christoph, 2003

Der Fall der Mauer - Eine deutsche Geschichte; edizione tv di Spiegel, 2004

Flucht aus Berlin; edizione di Discovery Geschichte, 2006

Legendary Sin Cities - Paris, Berlin & Shanghai; regia: Marrin Canell, Ted Remerowski, 2006

Die Firma - Das Ministerium für Staatssicherheit; regia: Christian Gierke, 2007

Spurensuche in Hitlers Berlin; edizione tv di Spiegel, 2007

DELLO STESSO AUTORE:

Racconti sotto le stelle - Tales under the stars
Edizione bilingue (italiano-inglese)
Racconti brevi

La Filosofia di Julia - Julias Philosophie
Edizione bilingue (italiano - tedesco)
Romanzo

Julias Philosophie
(tedesco)
Romanzo

perugia tra immagini e parole - perugia zwischen bildern und worten
Edizione bilingue (italiano - tedesco)
Racconti brevi e fotografia

ilb berlino: Passeggiata nel panorama della letteratura mondiale
(italiano)
Saggio